Annie Sloan

TRENDFARBEN

für modernes Wohnen

Ideen – Muster – Techniken

Callwey

Die Originalausgabe erschien 2000 unter dem Titel »Modern Paint Effects – A guide to contemporary paint finishes from inspiration to technique« im Verlag Collins & Brown Ltd., London House, Great Eastern Wharf, Parkgate Road, GB-London SWII 4NQ.

Übersetzung aus dem Englischen von Wiebke Krabbe, Damlos.

Verlag Georg D.W. Callwey GmbH & Co.,
Streitfeldstraße 35, 81673 München
http:/www.callwey.de
e-mail: buch@callwey.de

Die Deutsche Bibliothek – CIP-Einheitsaufnahme
Ein Titeldatensatz für diese Publikation ist bei
Der Deutschen Bibliothek erhältlich.

Konzeption und Design: Jonathan Raimes.
Herausgeber: Claire Waite, Alison Wormleighton
Bildredaktion: Philippa Lewis
Fotografie: Tino Tedaldi

Schutzumschlaggestaltung: Fotolito Longo, Bozen, unter Verwendung von Abbildungen der Seiten 35, 38 (vorne); 29, 91 (hinten); 71 (Klappe hinten)
Satz der deutschen Ausgabe: Edith Mocker, Eichenau
Lithos: Hong Kong Graphic and Printing Ltd.
Druck und Bindung: Sing Cheong Printing Co. Ltd., Hong Kong
Printed in Hong Kong

ISBN 3-7667-1461-9

TREND FARBEN

Inhalt

Einführung

Farbe hat sich zu einem wesentlichen Wohnaccessoire entwickelt. Immer mehr Designer bringen eigene Farbserien auf den Markt, wodurch eine großartige Auswahl an neuartigen Produkten zur Verfügung steht: von Perlglanzfarben bis zu farbigem Putzgips. Das Wissen um den richtigen Umgang mit diesen Produkten ist der Schlüssel zum schnellen und einfachen Modernisieren. Ob Sie sanfte, warme Farben oder lebhaft leuchtende Töne bevorzugen, ob Ihnen samtig matte Flächen oder farbenfrohe Muster liegen: es gibt viele faszinierend neuartige Techniken, um die Wohnung zu verschönern.

Dieses Buch stellt das Spektrum der jüngsten dekorativen Produkte, Trends und Gestaltungstechniken vor und zeigt, wie Sie mit Farbe Ihr Wohnumfeld auf den aktuellsten Stand bringen können. Dazu unterteilen wir die Gestaltungsmöglichkeiten in zwei Gruppen. Im ersten Teil zeigen wir die Effekte, die mit den neuesten Farben und getönten Verputzmaterialien möglich sind, im zweiten wenden wir uns zeitgemäßen Mustern zu.

Neben ausführlichen Schritt-für-Schritt-Anleitungen zur Verwendung der neuen Produkte finden Sie eindrucksvolle Fotos der verschiedenen Effekte sowie eine Reihe von Vorschlägen für kreative Variationen der einzelnen Techniken. Zusätzlich gibt es Ratschläge, wie Sie Ihre eigenen Ideen gestalterisch und farbig umsetzen können. Zu jedem Farbeffekt in diesem Buch zeigen wir eine Parallele aus Natur, Textilien, Kunst, Architektur – sogar aus Industrie und Elektronik. Wenn Sie sich diese Ähnlichkeiten bewusst machen, entwickeln Sie bald ein Auge für die Strukturen und Muster Ihrer Umgebung und lernen, sie als Basis für eigene Entwürfe zu nutzen.

In der Arbeit wie beim Wohnen umgeben wir uns mit neuartigen High-Tech-Materialien in Form moderner Geräte, andererseits aber auch mit den Produkten zeitgenössischer Architekten und Designer. Dazu passen natürlich ebenso moderne Farbgestaltungen, ermöglicht durch die Technologie unserer Zeit: eine wunderbare Vielfalt neuer Produkte, von glitzernden, schimmernden und metallischen Farben bis zu poliertem Verputz.

Gegenüber Modernes Design zielt ebenso wie modernes Wohnen eher darauf ab, die Individualität der Bewohner zu unterstreichen als sich einem festgeschriebenen Stil unterzuordnen. Ein Raum kann mit einfachen, aber farbenfrohen Pinselstrichen in reflektierenden Hochglanzfarben dekoriert sein, die meditative Ruhe oder auch sprühendes Leben ausstrahlen.

Interessanterweise wird „Zuhause“ immer mehr gleichgesetzt mit einem Refugium vor dem Tempo und dem Druck des modernen Lebens. Als Folge daraus haben ruhige, schlichte und minimalistische Einrichtungen, häufig beeinflusst von asiatischen Traditionen, große Beliebtheit erfahren. In minimalistischen Interieurs spielen Strukturen eine besonders wichtige Rolle, deswegen sehen viele der neuartigen Farbeffekte in modernen Wohnungen besonders gut aus.

Die elementaren Strukturen der Natur, zu finden in den Adern eines Blattes oder der Schichtung von Gestein, werden wieder geschätzt und mit Farbeffekten nachempfunden. Materialien, die man früher versteckte oder zudeckte, dürfen sich schlicht und schmucklos in ihrer natürlichen Gestalt zeigen. Unbehandelte Hölzer, unverputzter Stein, Metallgitter und nackter Beton spielen in modernen Wohnungen eine wachsende Rolle.

Zweifellos ist die Natur seit Menschengedenken eine Inspirationsquelle für menschliche Kreativität. In der Vergangenheit konzentrierte man sich allerdings auf das, was das Auge sehen konnte. Erst mit der Entwicklung von hochmodernen Teleskopen und Mikroskopen haben wir Muster entdeckt, die früher mit bloßem Auge nicht erkennbar waren. So haben wir herausgefunden, dass Moleküle und Zellen, die Grundbausteine des Lebens, aus Punkten, Ketten und Rastermustern bestehen. Das andere Extrem sind Bilder aus dem Weltraum, die uns fremde Galaxien in Form von Nebeln und Kometen präsentieren. So

Gegenüber und rechts außen Natürliche Materialien können matte Oberflächen haben wie der Korb und der irdene Krug (rechts), aber auch glänzende wie das Magnolienblatt. In vielen modernen Interieurs wird mit Mustern sparsam umgegangen – dann kommen Strukturen umso mehr zum Tragen, um Räume interessant zu machen. Viele moderne Farben und Baumaterialien fühlen sich rau und unbehandelt an und harmonieren so mit der offenkundigen Nüchternheit technischer Elemente. Die Computerplatine ist ein Beispiel für leuchtende Farben, skurrile Muster und regelmäßige Linien, die ebenfalls ihren Teil zum Entstehen eines neuen Verständnisses von Mustern und Strukturen beigetragen haben.

Links und oben Das Foto von der Milchstraße (links) oder die Luftaufnahme eines Flusses sind Ergebnisse einer hoch entwickelten Technik, die uns eine neue Sichtweise unserer Umwelt und unseres Lebens ermöglicht hat. Natürlich resultieren daraus auch neue Ideen in Design, Farbe und Einrichtung.

haben uns auch die Weltraumfahrt und die Satellitenfotografie neue Wege gezeigt, unsere Umwelt zu sehen.

Die Wissenschaft hat uns Zugang zu versteckten Welten verschafft und uns faszinierende neue Bilder gezeigt, nicht nur in der Natur, sondern auch in der Elektronik, im Ingenieurwesen und in der Industrie. Ob es nun die Struktur eines Benzol-Moleküls ist, das Muster eines Silikon-Schaltkreises oder der Spiralnebel einer fernen Galaxie: dies sind die Inspirationen moderner Architekten, Designer, Künstler und Fotografen. Ihre Entwürfe finden wir in unserer Wohn- und Arbeitsumgebung, wo sie als Anregung für dekorative Muster fungieren.

Während das klassische Design von jeher formal, symmetrisch und geordnet ist, neigt das moderne Design eher zum Informellen, Asymmetrischen, Zufälligen und Schrulligen. Die Bilder aus Werbung und populärer Kunst sind entweder kühl und glatt oder unkonventionell, schockierend, kunterbunt und kitschig. All diese Ausdruckformen finden sich auch im modernen Wohndesign wieder. Mit diesem Buch können Sie lernen, sie als Quelle für Anregungen zu nutzen und mit modernen Farbeffekten Leben, Struktur und Muster in Ihr Zuhause zu bringen.

Farbe und Verputz 10

Matte Farben

Matt ist die wüstenhafte Trockenheit von Wildleder, der kreidige Charakter von Kohle- und Pastellzeichnungen, von alten Wandtafeln und Ruß. Matt ist auch die gebleichte Oberfläche von Treibholz; die trockene Struktur von unglasiertem Steinzeug; das nackte, kahle Äußere von Beton; die raue Körnigkeit von Sandstein.

Sanft und entspannend

Eine natürliche, matte Oberfläche – sei es nun luftgetrockneter Ziegel oder weicher Stoff wie Baumwolle, Leinen oder Seide – wirkt so behaglich und anheimelnd wie ein alter Ohrensessel. Ihr fehlt die Kälte des Künstlichen, sie hat das beruhigende Wesen des vollkommen Natürlichen. Es ist ihre samtige, sinnliche Textur, wie bei Pfirsichhaut oder Löschpapier, die den Wunsch weckt, sie zu berühren und festzuhalten.

Matte Oberflächen wirken absorbierend, das heißt, Licht und Schallwellen werden nicht zurückgeworfen, sondern geschluckt. Dadurch entsteht ihre ruhige, friedliche Wirkung. In Weiß und in hellen Farben sehen matte Objekte meist staubig, pudrig oder kalkig aus. Dunkle matte Farben dagegen wirken weich und üppig wie Samt. Matte Oberflächen fordern keine Beachtung ein, sie sind bescheiden und gedämpft. Gerade darum eignen sie sich so gut für Schlafzimmer und entspannende Wohnräume.

„Dunkle, matte Farben wirken weich und üppig wie Samt."

Im Uhrzeigersinn von links oben

Nackter Beton
Große Platten aus metallarmiertem Beton mit ihrer nüchternen, trockenen und zweckmäßigen Schönheit sind aus dem Bild unserer Städte nicht mehr wegzudenken. Mit einer langflorigen Rolle und matter Farbe lässt sich diese Optik reproduzieren.

Kreide und Samt
Kalkleimfarben, abgetönt mit leuchtenden Pigmenten, geben dieser Mauer auf einem Markt in Marrakesch ihr samtig-sanftes Aussehen. Matte Farben wirken oft kühl, gedämpft und trocken, etwa rauchiges Grau, Zwieback-Goldbraun und staubiges Khaki. Solche ruhigen Farben bleiben ganz ohne Glanzeffekte dezent im Hintergrund.

Trocken wie Sand
Sand ist knochentrocken, aber saugfähig wie Löschpapier. Ist er nass, wird er dunkler. Reifen und Füße hinterlassen auf ihm deutliche Abdrücke. Matte Farben haben ähnliche Eigenschaften. Mit einem Radiergummi oder dem Ende des Pinselstiels kann man faszinierende Muster zaubern.

Weiche Farbe
Weiche, matte Farben lassen sich leicht abwaschen oder abreiben, um Strukturen zu erhalten. Hier wurden mit Dichtungsringen Bereiche der blauen und orangegelben Farbe abgedeckt, anschließend wurden beide Farben in beinahe trockenem Zustand teilweise wieder ausgewischt.

Matte Farben verarbeiten

Ähnlich wie andere matte Materialien, etwa Zement, Backstein, Schiefer, Naturholz, Leinen oder Segeltuch, haben matt gestrichene Flächen einen zurückhaltenden Charakter. Und weil sie Licht und Schall absorbieren, eignen sie sich hervorragend zum Gestalten friedlicher, ruhiger Räume.

Kalkmilchfarben, Kaseinfarben von entsprechender Rezeptur und Fresken ähneln beim Besehen und Befühlen den modernen matten Farben (bei Annie Sloan zu bestellen unter dem Begriff „matt paint", siehe Anhang auch für andere Farben). Wer eine stimmig wirkende, ruhige Atmosphäre schaffen möchte, sollte sich an die Farbtöne halten, die man von diesen traditionellen Materialien her kennt.

Matte Farben auf Wasserbasis enthalten einen geringen Anteil an Kunststoffen, der dafür sorgt, dass man sie kurz vor dem Austrocknen leicht mit einem feuchten Schwamm oder Tuch abwischen kann, um die Struktur noch etwas zu vermischen. Sie eignen sich ausgezeichnet für Lasurtechniken (siehe Lasurmedium, Seite 121). Wer eine pudrige Wirkung wünscht, sollte Weiß oder Pastellfarben wählen, während dunklere Töne sanft und samtig aussehen.

Gegenüber Eine schlichte, mit mattschwarzer Farbe gestrichene Fläche ist eine gute Alternative zur Wandtafel. Hier wurde ein schwarzes Feld in ein Muster aus Rechtecken in verschiedenen Längen und Breiten integriert, die mit einer langflorigen Rolle in mehreren Beigetönen (siehe Seite 21) aufgetragen wurden. In diesem Rahmen kommt das Schwarz besonders gut zur Geltung.

1 Tragen Sie die Farbe mit einem Pinsel oder einer Rolle großzügig, aber gleichmäßig auf. Lassen Sie die Farbe anziehen, bis sie eben grifffest ist. Die Trocknungszeit kann je nach Produkt variieren.

2 Dann wischen Sie mit einem gut angefeuchteten Schwamm die Farbe willkürlich wieder ab. Die Farbe lässt sich leicht entfernen. Der Schwamm muss zwischendurch regelmäßig ausgespült werden, wenn er sich mit Farbe vollgesaugt hat. Entfernen Sie so lange Farbe, bis Ihnen das Ergebnis zusagt.

Tom
12:45
New York-Paris
19.6.2002

Noch mehr Ideen

Matte Farbe, etwa matte Leim-, Akryl- oder Dispersionsfarbe eignet sich für viele dekorative Techniken besonders gut, weil sie eine weiche, flexible Konsistenz hat. Solange sie nicht völlig trocken ist, kann man sie stellenweise abwischen. Vor dem Austrocknen lassen sich mit einem harten Pinsel oder einem anderen Werkzeug Strukturen einarbeiten. Auch für die Frottagetechnik bietet sich matte Farbe an, weil wegen des geringen Kunststoffgehaltes das Zeitungspapier kaum anhaftet noch Druckerschwärze abgibt.

Matte Farben sind ideale Kombinationspartner für Metallic-, Hochglanz- oder Perlglanzfarben, weil gerade durch den Kontrast eine interessante Wirkung entsteht.

Links Matte Farben sind nicht „gesättigt". Trägt man eine Lackschicht auf (siehe Seite 121), werden sie dunkler. Hier wurde mit einer Rolle wasserlöslicher Mattlack auf eine matt mittelblau gestrichene Wand aufgetragen. So entstehen Streifen mit organisch wirkenden, unregelmäßigen Rändern (siehe Seite 62). Mit der Kante von Pappstreifen und seidenglänzender Farbe werden die feinen, cremefarbenen Streifen aufgesetzt (vergleiche Seite 78).

Links Diese Wand hat eine sanfte, an Stoff erinnernde Oberfläche, die gut zu gebleichtem Naturholz passt. Auf eine wasserblaue, matte Grundierung wird eine Schicht matter, hellblauer Farbe aufgetragen. Vor dem Durchtrocknen wird mit einem nassen Schwamm ein Teil der hellblauen Farbschicht wieder abgenommen. Dabei wird von oben nach unten vorwiegend in senkrechten Bewegungen gearbeitet. Nur gelegentlich wird waagerecht gewischt. Das Wasser aus dem Schwamm darf an der Wand herablaufen und zusätzliche Strukturen hinterlassen. Vor der Arbeit den Fußboden mit Plastikplane oder Zeitungspapier abdecken.

Links Für diese Küchenwand wurde ein leuchtendes, intensives Blau gewählt. Weil die Farbe matt ist, wirkt sie dennoch sanft und unaufdringlich. Streichen Sie matte blaue Farbe über eine seidenglänzende, gelbe Grundierung (vergleiche Seite 21). Nach dem Trocknen wird an einigen Stellen das Blau mit grobem Schleifpapier wieder abgetragen, sodass der Untergrund durchschimmert.

Oben Um die Textur eines ausgeblichenen Kieselsteins zu erhalten, streichen Sie kalkweiße, matte Farbe auf graue Grundierung. Ist die obere Farbe leicht angetrocknet, wird sie stellenweise mit einem feuchten Schwamm wieder abgetupft.

Seidenglanzfarben

Diese Farben haben einen zarten Schimmer, der an edles Porzellan erinnert. Ob sie dunkel sind wie ein Stück Schiefer oder hell wie eine Eierschale – stets sehen sie aus, als seien sie leicht poliert. Sie fühlen sich seidig-glatt wie ein Stück Marmor an. Diese Farben sind ausgesprochen elegant – nicht selbstbewusst und urban wie Hochglanzfarben, aber auch nicht natürlich und entspannend wie matte Farben, sondern edel und raffiniert. Der sanfte Schimmer der Farbe reflektiert das Licht in den Raum, ganz ähnlich wie Licht auf Elfenbein, gechintzte Baumwolle, Seide oder gewachstes Holz fällt. So entstehen klar umrissene Schatten, die einem Raum Tiefe und Charakter geben.

Elegant, aber robust

Die elegante Wirkung der seidenglänzenden Farben täuscht über ihre Robustheit hinweg. Sie sind strapazierfähig, dauerhaft und vielseitig, eignen sich für Wände, Holzelemente und Möbel gleichermaßen. Zurückhaltender wirken sie, wenn sie nur auf Holzelementen verwendet werden. Je nach Hersteller gibt es feine Unterschiede im Effekt dieser Farben. Und weil sie so beliebt sind, ist die Palette der angebotenen Farben außergewöhnlich groß.

„Der sanfte Schimmer dieser Farben reflektiert das Licht in den Raum.“

Im Uhrzeigersinn von links oben:

Edles Porzellan
Porzellan, das ursprünglich aus Asien stammt, brachte eine Reihe faszinierender Farbtöne in den Westen, darunter Celadongrün, Tomatenrot, Aubergine und Safrangelb. Die Glasur des Porzellans hat einen zarten, unaufdringlichen Glanz, während ihr opaker Charakter den Farben Ausdruckskraft verleiht. Moderne Produktionstechniken machen es möglich, dass solche Effekte in einer Vielzahl von Farbtönen verwirklicht werden können.

Sinnlicher Schimmer
Satin ist auf spezielle Weise gewebte Seide, die sich durch einen einzigartig schweren, weichen Fall auszeichnet. Der Stoff hat einen sinnlichen, sanften Glanz. Zwei ähnliche Farbtöne, in der Frottagetechnik verarbeitet, ergeben einen Effekt von der Üppigkeit einer lockeren Draperie (siehe Seite 112).

Gebrannte Holzkohle
Die glänzende Oberfläche eines zu Kohle verbrannten Holzscheites hat eine dunkel schimmernde Tiefe. Fällt Licht auf die Holzkohle, erhält sie einen sanften, ledrigen Glanz. Ähnlich könnte eine dunkelblaue, seidenglänzende Farbe wirken, vielleicht mit feinen Craquelé-Rissen, durch die Schwarz hindurchschimmert.

Sanfte Farbe
Zwei seidenglänzende Farben kann man zart übereinander rollen, um einen leichten, wässrigen Effekt zu erzielen (siehe Seite 115).

Seidenglanzfarbe verarbeiten

Seidenglänzende Farben werden mit unterschiedlichem Glanzgrad angeboten.

Die Palette der seidenglänzenden Farben ist enorm, sie reicht von den blassen Neutraltönen bis zu leuchtenden Schockfarben. Man kann sie für flächige Anstriche verwenden, aber auch als Grundierung für Lasureffekte, und sie eignet sich gleichermaßen für Wände, Holzelemente und Möbel. Ehe Sie sich für eine seidenglänzende Farbe entscheiden, bedenken Sie, dass wegen der Lichtreflexionen auch kleinste Unregelmäßigkeiten ins Auge fallen.

Tragen Sie seidenglänzende Farben auf einer Fläche mit der Rolle auf, lediglich für Ecken und Kanten verwenden Sie einen Pinsel. Streichen Sie die Farbe gleichmäßig dünn auf, eventuell sind zwei Schichten nötig. Um eine dunkle Wand mit einer hellen Farbe zu überstreichen, werden in der Regel zwei Anstriche erforderlich sein.

Oben Seidenglänzende Farben sind in einer ganzen Reihe hinreißender Nuancen erhältlich. Wenn man sie zusammen sieht, etwa auf einer Farbkarte oder – wie hier – in einer Gruppe von Farbtöpfen, sind sie unwiderstehlich schön.

Gegenüber Das schlichte, aus der freien Hand gemalte Quadrat auf dieser Schlafzimmerwand ist inspiriert von modernen Kunstwerken, die mit den Effekten großflächig aufgetragener Farben experimentieren. Mit einer langflorigen Rolle wurde eine hellbraune seidenglänzende Farbe auf einem Untergrund aus cremeweißer seidenglänzender Farbe aufgetragen. Die Lichtreflexe auf der Farbe betonen die unregelmäßige Oberfläche der alten Mauer.

1 Tragen Sie die Farbe mit einer langflorigen Fellrolle oder einer Schaumstoffrolle in gleichmäßig dünner Schicht auf. Die Farbschicht darf nicht zu dick und die Rolle darf nicht mit Farbe gesättigt sein, sonst spritzt sie und es können Blasen und kleine Krater auf der Oberfläche entstehen.

Noch mehr Ideen

Weil seidenglänzende Farben vielseitig sind, werden sie gern und häufig verarbeitet. Kaufen Sie zunächst einen kleinen Topf für Experimente oder brauchen Sie Reste von vorherigen Anstrichen auf. Seidenglanzfarbe eignet sich für fast alle Techniken mit Mustern, die Sie in diesem Buch kennen lernen. Ich verwende sie gern als Grundierung für Lasurtechniken, weil sie kaum saugfähig ist und so die Trocknung der Lasur verzögert. Seidenglanzfarben mit einem geringen Lasurzusatz (siehe Seite 121) kann man auch für Freihandmalereien, Ritztechniken, Patina-Effekte, Wischtechnik oder Frottage verwenden (siehe Seite 96, 100, 108 und 112).

Links Platte und Beine dieses modernen, würfelförmigen Tisches sind mit Strukturen verziert, dabei kontrastiert die seidenglänzende Tischplatte mit den hochglänzenden Beinen. Zuerst habe ich die Glasplatte abgenommen und erst nach dem völligen Austrocknen der Dekoration wieder aufgelegt. Dann habe ich auf die weiß grundierte Platte mit einer Rolle (siehe Seite 115) zuerst mit Türkis und nach dem Trocknen dieser Farbe noch einmal mit Dunkelblau aus der freien Hand ein Quadrat aufgebracht. Auf die Beine habe ich zuerst eine Schicht schwarzer Hochglanzfarbe aufgetragen (vergleiche Seite 26), nach dem Trocknen wurde mit einem groben Pinsel Kupfer-Metallicfarbe (vergleiche Seite 33) in lockeren Strichen darüber aufgetragen.

Rechts Ungleichmäßige Muster in leuchtend bunten Seidenglanzfarben sehen auf dieser schlichten Glasschüssel sehr dekorativ aus. Tragen Sie mit Seidenglanzfarbe in verschiedenen intensiven Tönen Farbflächen auf die Innenseite der Schale auf. Solange die Farbe noch leicht feucht ist, ritzen Sie mit dem Stielende eines dünnen Pinsels unregelmäßige Schnörkelmuster hinein (vergleiche Seite 100). Nach dem Austrocknen der Farbe lackieren Sie die Innenseite der Schüssel mit einer Schicht schwarzer Seidenglanzfarbe. Von der Außenseite sieht man das Schwarz durch die eingeritzten Muster in den leuchtenden Farben. So entstehen reizvolle Kontraste.

Rechts Ich habe die Füllungen dieser alten Holztür mit Seidenglanzfarbe in vier verschiedenen Eiscremetönen gestrichen. Weil die Tonwertigkeit der Farben ähnlich ist, harmonieren sie gut miteinander. Dann habe ich die restlichen Flächen in einem dezenten Farbton lackiert, sodass die Paneele Blickfang bleiben. Seidenglänzende Farben sind für häufig benutzte Türen sehr praktisch, weil man sie problemlos feucht abwischen kann.

Hochglanzfarben

Glänzende Oberflächen sind ausgesprochen modern. Von Spiegelglas-Fenstern, Plexiglas-Möbeln und glänzenden Autokarosserien bis zu PVC, Lycra und Lipgloss reicht der zeitgemäße Glamour dieser Farben. Es gibt Hochglanzlasuren, die so bunt schillern wie Götterspeise oder Weingummi. Fällt Licht hindurch, leuchten sie wie Buntglasfenster.

Glänzende Farben kommen am besten bei leuchtenden, intensiven Tönen zur Geltung. Sie sollten so klar, stark und unkompliziert sein wie Plastikgeschirr oder Kunststoffverpackungen: leuchtendes Rot, kräftiges Gelb, Neonblau. Wenn Farben sprechen könnten, dann würden diese Farben schreien.

Schichten von Transparenz

Das Malen mit halbtransparenten Farben ist ähnlich wie das Übereinanderlegen von bunten Seidenschleiern. Moderne Künstler haben mit dieser Art von Farben und Lacken große abstrakte Farbflächen gestaltet. Wo die Farben einander überlappen, entstehen neue Nuancen. Rot auf Schwarz ergibt ein tiefes Terrakotta-Orange, Rot auf Blau dagegen ein sattes Violett. Wenn man diese intensiven Töne mit Hilfe von zwei Farbschichten produziert, bekommt die lackierte Oberfläche das geheimnisvolle, intensive Leuchten eines tintenblauen Sees.

Setzen Sie Hochglanzfarben im Raum ein, so wird farbiges Licht von den spiegelblanken Flächen zurückgeworfen und der Raum erwacht im Nu zum Leben. Streichen Sie eine Farbe über einen weißen Untergrund, so schimmert das Weiß durch und gibt der Farbe eine intensive Helligkeit. Die Gesamtwirkung ist extrovertiert, einladend und optimistisch.

*„Bunt, glänzend und transparent,
wie Götterspeise oder Weingummi."*
*„Wenn Farben sprechen könnten,
würden diese Farben schreien."*

Im Uhrzeigersinn von links oben:

Bonbonfarben
Warum nicht die leuchtenden Farben des Zuckerüberzugs von Schokolinsen als Anregung für eine Wandgestaltung wählen? Tragen Sie leuchtende Hochglanzfarben mit überlappenden Schablonen auf oder verteilen Sie die Farben mit lockeren Pinsel-Tupfern (siehe Seite 77 und 96).

Weichzeichner
Ich habe den Sitz dieses Stuhls mit roter und gelber Hochglanzfarbe für eine intensive Wirkung bemalt. Die Pinselstriche bleiben sichtbar, damit die Blickfang-Malerei auf dem recht kantigen Möbel weicher wirkt.

Natürlicher Glanz
Bei glänzenden Oberflächen denkt man meist zunächst an industriell bearbeitete Oberflächen. Wer einen natürlicheren Stil bevorzugt, sollte sich von glänzenden Blättern anregen lassen – es gibt sie in zahllosen Nuancen von Gelbgrün über Smaragdgrün bis Flaschengrün.

Plastik-Plissee
Glänzende schwarze Plastikfolie, straff um Heuballen gewickelt, bekommt im Sonnenlicht einen silbrigen Schimmer. Einen ähnlichen Effekt erzielen Sie durch eine Kombination von Hochglanzfarbe mit Metallicfarbe, die die Lichtreflexion noch verstärkt (vergleiche Seite 33).

Hochglanzfarbe verarbeiten

Für diesen glänzenden, durchscheinenden Effekt wird am besten eine halbtransparente Hochglanzfarbe auf Wasserbasis verwendet. Sie können aber auch einen eingetönten Hochglanz-Klarlack verwenden und diesem für eine größere Farbintensität etwas Abtönkonzentrat untermischen.

Am besten trägt man solche Farben mit einem Pinsel mit weichen Borsten auf. Es kann auch eine Schaumstoffrolle verwendet werden, doch dabei bekommen überlappende Bereiche leicht eine unschöne Textur. Wenn Sie die Farbe mit etwas Wasser verdünnen, können Sie sie auf eine waagerechte Fläche tröpfeln und dann mit dem Pinsel verteilen. Damit sie zuverlässig haftet, sollte sie stets auf einer matten Grundierung aufgetragen werden (siehe Seite 14).

Unten Hochglanzfarben wirken am besten in reinen, leuchtenden Tönen. Sanftere Töne erhält man beispielsweise durch Überstreichen oder teilweises Überlappen von Farbflächen. Tragen Sie aber nicht mehr als zwei, drei Schichten übereinander auf.

1 Verwenden Sie zum Auftragen der Hochglanzfarbe einen Pinsel mit kräftigen, aber weichen Borsten. Nach dem Verstreichen der Farbe fahren Sie mit leichter Hand nur mit den Spitzen der Borsten über die Fläche, um eventuelle Pinselstriche zu verwischen. Danach trocknen lassen.

2 Wenn die erste Schicht grifffest ist (sie muss noch nicht vollständig ausgehärtet sein), kann die zweite aufgetragen werden. Verfahren Sie wie bei der ersten Schicht, um einen neuen Farbton zu wählen, die Tiefe oder die Intensität des alten zu erhöhen. Soll die untere Farbschicht teilweise sichtbar bleiben, streichen Sie die Farbe von innen nach außen aus und lassen Sie an den Rändern die Pinselstriche fedrig auseinanderlaufen.

Gegenüber Die markanten Linien dieses Raumes regten sowohl zur Farbwahl als auch zum Gestaltungsstil der Wände an. Inspiriert wurde das Design durch Arbeiten moderner Maler wie Mark Rothko, der mit flächig aufgetragenen, intensiven Farben Effekte von beeindruckender Intensität schuf. Ich habe mit dem Pinsel auf eine matte, blaue Grundierung (vergleiche Seite 14) zwei Schichten glänzender, halbtransparenter grüner Farbe gestrichen. Danach habe ich um die Tür einen breiten, gelben Streifen auf die grüne Farbe gemalt und dabei die Ränder fedrig ausgestrichen, um einen weichen Übergang zu erhalten. Auf dem gelben Rahmen schließlich wurden für eine intensive, leicht unregelmäßige Gesamtwirkung Tupfer in Türkis willkürlich verteilt.

Gegenüber Gestalten Sie auf einer Wand mit Hilfe einer Schaumstoffrolle ein Muster aus verschiedenen Hochglanzfarben. Rollern Sie verschiedene Streifen (vergleiche Seite 62) in Blau, Grün, Rot und Schwarz. Lassen Sie die Ränder überlappen, sodass Mischtöne entstehen. In den überlappenden Bereichen wirken die Farben dunkler, wo die Farbe einschichtig aufgetragen ist, leuchtet sie klar.

Links Diese Kommode wurde wie ein abstraktes Gemälde dekoriert. Zuerst habe ich gelbe und rote Hochglanzfarbe aus der freien Hand flächig auf die Seiten und das Oberteil gestrichen, während der Rahmen in Grün- und Blautönen mit einzelnen Spuren von Rot lackiert wurde. Anschließend wurde das Oberteil des Möbels mit einer hauchdünnen Schicht Blau überzogen. Die Farben wurden mit leichter Hand mit einem großen, abgerundeten Künstlerpinsel aufgestrichen. Die Ränder der Flächen überlappen einander, wodurch zusätzliche Mischtöne entstehen.

Noch mehr Ideen

Halbtransparente Hochglanzfarben lassen sich ausgezeichnet mit anderen Farben kombinieren, um Unterschiede oder Ähnlichkeiten in den Strukturen zu betonen. Auch für sich allein sind sie sehr effektvoll, weil sie eine email-artige Oberfläche ergeben.

Faszinierende Effekte entstehen durch die Kombination von geometrischen, fließenden oder Fantasiemustern mit hochglänzenden und matten Farben. Aber auch Perlglanz- oder Metallicfarben wirken gut in Kombination mit Hochglanzfarben. Schließlich kann man Hochglanzfarben mit Lasurmedium mischen und für Lasur- oder Frottagetechniken verwenden, die an die natürliche Patina von polierten Steinen oder glänzenden Blättern, aber auch an moderne Stoffe oder Industriematerialien erinnern.

Rechts Dieses Wandpaneel hat durch mehrere Farbschichten in klarem Gelb ein modernes Gesicht bekommen. Die Füllungen sind dadurch betont, dass die seitlichen Leisten mit einem breiten Pinsel mit weißer Lasur überstrichen wurden.

„Metallicfarbe schafft klare, scharfe Konturen und harte Lichtreflexe.“

Metallicfarben

Im Uhrzeigersinn von links oben

Machtvoll und heiter
Ein kostbarer goldener Buddha, hingebungsvoll auf Hochglanz poliert, strahlt gelassene Heiterkeit aus. Polieren Sie goldene Farbe mit der gleichen Begeisterung und Ausdauer.

Markante Rohre
Metall im Industrieeinsatz ist matt, statt luxuriös zu glänzen. Strukturiert man Metallicfarbe kurz vor dem Trocknen mit einem harten Borstenpinsel, erhält man eine ganz ähnliche Wirkung.

Metallische Schale
Silber und Glas ähneln sich in Helligkeit, Zartheit und Farbton, sodass sie sehr gut miteinander harmonieren. Um diese Verwandtschaft zu betonen, habe ich eine Glasschale von innen mit Silberfarbe gestrichen, dann Muster eingeritzt (vergleiche Seite 100) und schließlich eine Schicht seidenmatter Farbe in Pastelltönen (vergleiche Seite 21 und 22) aufgetragen.

Flüssiges Metall
Das Sonnenlicht verleiht dem Wasser des Sees einen gläsern-silbrigen Schimmer, die Reflexion des Himmels erzeugt ein metallisches Blau. Das Wasser aus „flüssigem Silber“ hat runde Konturen, die weich, kühl und ruhig wirken. Trägt man mit der Frottagetechnik (siehe Seite 112) Silberfarbe auf eine mitteltonige Grundierung auf, erhält man einen ähnlichen Effekt.

Früher einmal bestimmten Objekte aus Gold, Silber oder Zinn, vielleicht noch aus rustikalem Kupfer oder Messing den Wert einer Inneneinrichtung. Heute dagegen können wir moderne High-Tech-Metalle äußerst effektvoll einsetzen, nicht nur für kleine Objekte, sondern für ganze Wände und Möbel. Diese Materialien werden in der Wissenschaft, Technologie, Raumfahrt, Industrie, in Autos und Maschinen eingesetzt. Kupferrohre und -drähte, schimmernder Edelstahl, glänzendes Aluminium, auf Hochglanz poliertes Messing, verzinkte Metalle und blitzender Chrom haben ebenso ihren Platz im modernen Leben wie Silberfolie, blanke Küchenutensilien und glänzendes Bonbonpapier.

Praktisch ... oder gänzlich fantastisch

Mit Metallicfarbe behandelte Oberflächen wirken einerseits praktisch, sauber und technisch, andererseits haben sie futuristisches Flair. Metalle sind ja ein überaus vielseitiges Material: Wände können an matte, vernietete Metallplatten erinnern, an angelaufenes Wellblech, an zerknüllte Silberfolie oder an poliertes Metall. Die Wirkung kann kühl und minimalistisch sein, aber auch schrill und farbenprächtig – indem man etwa leuchtende Stoffe aus Mexiko oder Indien mit schimmernden Wandflächen konfrontiert.

Metallicfarbe schafft klare, scharfe Konturen und harte Lichtreflexe. Damit bemalte Wände und Decken geben einem Raum nicht nur ein besonderes Leuchten, sondern auch Tiefe, weil der Doppeleffekt von Glanz und Textur gleich in mehrfachem Sinne Blickfangwirkung hat. Die Oberfläche kann schimmernd, klar, glänzend oder matt sein, die Farben der Metalle reichen von feurigem Orange, Zitronen- und Senfgelb über silbriges Weiß bis zu dunklem Grau. In den Schattenzonen sind jeweils dunklere Nuancen zu finden.

Metallicfarben verarbeiten

Das Angebot an Metallicfarben ist groß, und jede hat ihren ganz eigenen Charakter. Manche sind relativ opak, während andere immer etwas transparent bleiben – etwa die wasserlöslichen Farben, die für die Fotos in diesem Buch verwendet wurden. Wegen dieser Transparenz kann man mit den Farben besonders gut Muster und Strukturen entwickeln.

Damit die Farben gut haften, werden sie am besten auf eine matte oder seidenglänzende Grundierung aufgetragen (Seite 14–15, 20-21). Die Farbe wird je nach gewünschtem Effekt aufgetragen: Soll die Fläche aussehen wie Zink-Patina, streichen Sie sie mit einem Pinsel über einer dunkleren Grundierung auf. Soll sie dagegen ruhig wirken, wird sie mit einer Rolle aufgetragen oder mit einem Lappen aufgetupft.

Mit der Rolle
Um eine große Fläche wie eine Wand zu streichen, trägt man Metallicfarbe am besten mit einer Schaumstoffrolle auf. Beim Trocknen bleiben an manchen Stellen Arbeitsspuren sichtbar, sodass ein zweiter Anstrich nötig ist. Alternativ kann man an den besagten Stellen auch mit einem Lappen mehr Farbe auftupfen.

Mit dem Lappen
Um eine glatte Oberfläche zu erhalten, nehmen Sie mit einem weichen Baumwoll-Lappen etwas Farbe auf und verteilen diese mit kreisenden Bewegungen auf der Fläche. Wenn die Farbe trocknet, wird sie mit dem Lappen poliert, damit die Oberfläche glatt wird und glänzt. Wegen ihres Aufwandes eignet sich die Technik am besten für kleinere Flächen.

Mit dem Pinsel

1 Tragen Sie mit dem Pinsel nur kleine Flächen Metallicfarbe auf, damit Sie genug Zeit zur Bearbeitung haben, ehe die Farbe trocknet. Streichen Sie sie gleichmäßig, jedoch nicht zu dünn, aus.

2 Mit einem trockenen, relativ festen Borstenpinsel verteilen Sie die feuchte Farbe kreuz und quer in kleinen Bögen. Die Farbe der Grundierung darf durch die Pinselstriche schimmern.

Gegenüber Passend zu der modernen Farbaussage dieses Raums erinnert der Anstrich der Wände an verzinktes Metall. Die Silbermetallic-Farbe, die auf einen lilafarbenen, matten Untergrund (vergleiche Seite 14) aufgetragen worden ist, wurde mit einem Pinsel als große Halbkreise strukturiert. In diesen fängt sich das Licht und gibt dem Raum so eine zusätzliche Dimension.

Noch mehr Ideen

Verwenden sie Metallicfarben wie jede andere Farbe für flächige Effekte oder Muster auf Wänden, Möbeln oder Accessoires. Auch als Grundierung für Lasurtechniken sehen Silber, Gold oder Kupfer hinreißend aus. Besonders Silber reflektiert sehr viel Licht und verhält sich damit ähnlich wie reines Weiß. Probieren Sie eine blaue Lasur über Silber, eine grüne über Kupfer oder eine cremegelbe über Gold. Man kann Metallicfarben auch mit Lasurmedien mischen, um reflektierende, strukturierte Oberflächen zu erhalten.

Metallicfarben lassen sich mit den meisten anderen Farbtypen großartig kombinieren. Sie ergänzen den Schimmer von Hochglanz- und Perlglanzfarben und bilden einen schönen Kontrast zu matten Farben.

Oben Tragen Sie zunächst mit einer Schaumstoffrolle eine Schicht silberner Farbe auf. Dann rollern Sie mit einer angefeuchteten, langflorigen Rolle eine leuchtend orangefarbene, seidenglänzende Farbe (vergleiche Seite 21 und 115) darüber. Verändern Sie den Druck der Rolle, damit das Orange stellenweise dick liegt und in anderen Bereichen transparent bleibt, wo das Silber teilweise durchschimmert.

Unten Diese schlichte Kommode wurde im Stil moderner Aktenschränke gestrichen. Mit der Frottagetechnik (siehe Seite 112) wird silberne Metallicfarbe über einer hellblauen Grundierung aufgetragen. Lassen Sie das Zeitungspapier etwas länger als unbedingt nötig auf der Farbe, sodass die Druckerschwärze leicht abfärbt und an einigen Stellen spiegelverkehrte schwarze Buchstaben erscheinen.

Oben Diese hölzerne Salatschüssel in ihrer schönen, modernen Form ist mit Farbe neu gestaltet worden. Durch den Gebrauch hatte sich der Boden aufgeworfen, die Schüssel war unpraktisch geworden. Zuerst habe ich die ganze Schüssel von innen und außen mit schwarzer Hochglanzfarbe lackiert (vergleiche Seite 26) und dabei die aufgerauten Fasern versiegelt. Dann habe ich Silberfarbe auf die Innenseite und den Rand außen gestrichen und gut in den Boden eingearbeitet. Schließlich habe ich dort mit einem Tuch die noch feuchte Silberfarbe wieder abgewischt, sodass sie nur in den Rillen und Vertiefungen im Holz sichtbar blieb. Als zusätzlichen Farbtupfer habe ich rote Lasur wie eine Schärpe auf die Außenseite der Schale gemalt, die durch den schwarzen Untergrund eine sanfte Terrakotta-Nuance erhält.

Oben Die unregelmäßige Oberflächenstruktur dieser alten Wand gefiel mir sehr, darum habe ich sie mit einer glänzenden Farbe betont, die vor allem am Abend das Licht wunderbar reflektiert. Damit es zügig ging, habe ich die erste Schicht goldener Farbe mit einer Rolle aufgetragen. Nach dem Trocknen habe ich eine zweite Schicht Goldfarbe mit einem kleinen Zusatz von Kupferfarbe mit einem weichen Tuch aufgebracht und poliert, bis sie trocken war. Auf dem Kaminsims steht eine Schale aus Papiermaché, die genauso behandelt ist – allerdings hauptsächlich in Silber mit einem kleinen Zusatz von Gold. Damit die Kante des Simses weicher wirkt, habe ich sie mit Goldfarbe gestupft.

Perglanzfarbe verarbeiten

Perlglanzfarben gibt es, ähnlich den Tönen im Inneren einer Muschelschale, in Grün, Blau und Pink. Durch Überlagerung erhält man ein breites Spektrum weiterer Nuancen.

Je nach gewünschtem Effekt können Sie diese wasserlöslichen Farben dick oder dünn auftragen. Ist die Farbschicht dick, hat die Farbe auch dann einen weißlichen Schein, wenn sie im Schatten liegt. Fällt Licht auf sie, fängt sie an zu leuchten (siehe Abbildung unten). Wird die Farbe nur dünn aufgetragen, ist sie zwar bei jedem Licht sichtbar, doch der Glanzeffekt ist viel dezenter als bei dickerem Auftrag.

Unten In nassem Zustand ist Perlglanzfarbe opak und weißlich. Ihr Farbton ist nur schwach zu ahnen. Nach dem Auftrag und dem Trocknen bekommt sie einen fast leuchtenden Schimmer, durch den der Untergrund durchscheint. Die Farben sehen auf schwarzer Grundierung geradezu dramatisch aus. Auf weißem Untergrund dagegen wirken sie zart und subtil. Je nach Lichtverhältnissen treten sie mehr oder weniger in den Vordergrund.

1 Tragen Sie die Perlglanzfarbe mit einem harten Pinsel auf. „Bürsten" Sie sie regelrecht auf, um sie großflächig zu verteilen. Hier wurden auf einen schwarzen Untergrund schnell nacheinander unregelmäßige Flächen in grüner und blauer Perlglanzfarbe aufgetragen.

2 Lassen Sie die noch nassen Farbflächen überlappen, um weitere Nuancen zu erhalten. Hier wird rosa Perlglanzfarbe aufgetragen, um hier und da einen Hauch von Violett zu zaubern. Wenn Blau und Grün ineinander übergehen, entsteht ein Türkiston, der an Pfauenfedern erinnert. Verwischen Sie die Konturen der Farbflächen, um unschöne Pinselspuren zu beseitigen, bis die Farbe trocken ist.

Gegenüber In diesen kleinen Flur in einem alten Bauernhaus fällt nichts als Tageslicht, doch dies von allen Seiten. Um den Bereich heller und interessanter wirken zu lassen, habe ich waagerechte Streifen blauer Perlglanzfarbe auf einem mattblauen Untergrund (vergleiche Seite 14) aufgetragen (siehe auch Seite 61). Die Wirkung des Raumes ändert sich im Lauf des Tages, wenn das Licht aus immer anderen Richtungen einfällt. Die Perlglanzfarbe wurde in zwei Schichten mit einem flachen Lackpinsel verarbeitet, um intensive Leuchtkraft mit möglichst wenig Pinselstrichen zu erhalten.

Noch mehr Ideen

Perlglanzfarbe trocknet nicht so schnell wie übliche Farben auf Wasserbasis. Das heißt, dass man sie nach dem Auftrag noch kurze Zeit bearbeiten kann, um kreative Muster zu gestalten. Probieren Sie einmal Kammzugtechnik, Stupf- oder Wischtechnik.

Links Die ausdrucksvollen, unregelmäßigen Farbränder auf dieser Wand erinnern an Gesteinsschichtungen von Achat oder Tigerauge. Tragen Sie grüne Perlglanzfarbe über einer Kupfer-Metallic-Grundierung auf. Dann ziehen Sie mit einem „Kamm" aus Pappe (siehe Seite 59) ein Streifenmuster hinein. Durch die Verarbeitung zweier reflektierender Farben hat diese Wandgestaltung bei jedem Licht einen anderen Charakter.

Unten Dieser Bilderrahmen bekommt seine dynamische Ausstrahlung durch den starken Kontrast von Rot und Grün. Tragen Sie grüne Perlglanzfarbe auf einem matten roten Untergrund auf (vergleiche Seite 14) und kämmen Sie ein Wellenmuster hinein (siehe Seite 58). So wird der schimmernde Rahmen zum Blickfang, der das Auge auf das eigentlich Wichtige lenkt: das Bild in seiner Mitte.

Gegenüber Durch das Überlagern von Perlglanzfarben entstehen Violett- und Türkistöne, wie man sie von Tiffany-Glasarbeiten kennt: Zuerst mattschwarze Farbe mit einer langflorigen Rolle auftragen (vergleiche Seite 14), um eine weich strukturierte Grundierung zu erhalten. Dann blaue, grüne und rosa Perlglanzfarbe willkürlich mit einem Pinsel aufstupfen und die Ränder der Flächen überlappen lassen. Bis zum Trocknen die Farben mit wischenden Bewegungen ineinander ziehen, um für gleichmäßige Deckkraft zu sorgen und Pinselstriche zu beseitigen.

„Das Glitzern scheint mit dem Licht aufzuflammen und zu verlöschen."

Glitzerfarben

Im Uhrzeigersinn von links oben
Nächtliche Stadt
Millionen von Lichtpunkten funkeln in den Metropolen bei Nacht. Das Blinken, Zucken und Flackern der Lichter steht nie still, und noch mehr Bewegung kommt durch Leuchtreklamen, Verkehrsampeln und Autoscheinwerfer hinzu. Tragen Sie Glitzerfarbe in Streifen und Farbblöcken auf, um eine urbane Atmosphäre zu zaubern.

Sternenexplosion
Wenn Feuerwerksraketen explodieren, katapultieren sie einen Funkenregen in den Himmel. Leuchtend rotes Strontium bringt den Nachthimmel zum Strahlen und ist doch so schnell wieder verloschen. Sprenkeln Sie die Farbe mit verschiedenen Pinseln in Streifen und Flecken auf, um einen ähnlichen Effekt zu erzielen.

Glitzernde Wand
Quadratische Flächen aus roter und blauer Glitzerfarbe wurden hier auf eine Wand aufgebracht, die zuvor mit blauer und fliederfarbener Perlglanzfarbe grundiert wurde (vergleiche Seite 38). Die beiden reflektierenden Farbtypen ergänzen einander und zaubern bei jeder Lichtveränderung ein Wechselspiel der Farben.

Wellen im Mondschein
Beim Blick auf die Wasseroberfläche erkennt man Milliarden winziger funkelnder Punkte, Flecken und Striche. Die kleinen Wellen tragen im Mondlicht ein wunderbar glitzerndes Gewand. Eine ähnliche Wirkung erhalten Sie, wenn Sie Glitzerfarbe auf einen getupften Untergrund auftragen (vergleiche Seite 90).

Glitzerfarben sind romantisch, dramatisch und betörend. Sie wecken Assoziationen an nächtliche Vergnügungen, an Ballkleider, Juwelen, Flitter und Pailletten. Licht, das in der Nacht auf Wasser fällt, wird von kleinen Wellen funkelnd reflektiert. Im Nachtflug über einer Stadt sieht man die farbigen Lichter von Leuchtstoffröhren und Glühlampen als Ballungen, die sich auf den Verkehrswegen zu Bändern auflösen. Das schönste Glitzern haben natürlich die Sterne am Nachthimmel zu bieten, ihrerseits nur winzige Diamantsplitter von Milchstraßen und Spiralgalaxien. Am Tag sieht man Wassertropfen auf der Windschutzscheibe glitzern oder den Raureif auf dem kunstvollen Muster eines Spinnennetzes im Sonnenlicht.

Je nach Situation und Farbkombination kann Geglitzer verspielt, jung, kokett und abenteuerlustig wirken, aber auch schrill und atemberaubend. Denken Sie sich nur ein Feuerwerk oder ein billiges, grelles Spielzeug: nichts als aufregendes Blendwerk.

Das Licht einfangen

Glitzerfarben kommen auf dunklem Untergrund am besten zur Geltung, doch auch auf heller Grundierung können sie gut aussehen. In beiden Fällen scheint das Glitzern mit dem Licht aufzuflammen und zu verlöschen. Werden sie nicht angestrahlt, haben die Glitterpartikel oft die Komplementärfarbe ihres eigentlichen Tons. So werden grüne Partikel plötzlich pink, blaue können orange aussehen und goldene Glitterpartikel verwandeln sich in Violett.

Verwenden Sie Glitzerfarben für Glamour im Schlafzimmer, zum Spaß im Kinderzimmer, wegen ihrer prächtigen Üppigkeit im Esszimmer – oder einfach als überraschenden Effekt. Selbst ein einfaches Badezimmer kann so zum prickelnden Erlebnis werden. Um das Glitzern zu verstärken, leuchten Sie es mit Richt- oder Punktstrahlern an.

Glitzerfarbe verarbeiten

Das Funkeln dieser Farbe auf Wasserbasis rührt von winzigen Partikeln her, die in einer weißen Flüssigkeit gebunden sind. Beim Trocknen wird die Trägerflüssigkeit transparent, darum schimmert stets die Farbe der Grundierung durch. Die Untergrundfarbe wirkt sich – ebenso wie die Lichtverhältnisse im Raum – auf die Intensität des Glitzerns aus. Eventuell sollten Sie erst eine Probefläche streichen und diese am vorbestimmten Ort auf ihre Wirkung im Licht testen, ehe Sie ein größeres Werk in Angriff nehmen.

Auf einem dunklen Untergrund tritt das Glitzern deutlicher hervor als auf einem hellen. Nach dem Trocknen hat die Farbe einen leichten Glanz und fühlt sich wegen der Glitterpartikel rau an.

1 Hier wird grüne Glitzerfarbe auf einem dunklen, pflaumenblauen Untergrund verteilt, um die Möglichkeiten dramatischer Effekte vorzuführen. Zum Auftragen eignet sich ein handelsüblicher Pinsel oder eine Rolle. Streichen Sie die Farbe dünn aus, um die Glitterpartikel fein zu verteilen. Zu dicke Farbschichten trocknen unter Umständen nicht völlig aus und bleiben weiß oder milchig.

2 Um eine hohe Dichte der Glitterpartikel zu erhalten, tragen Sie die Farbe in zwei oder drei Schichten auf. Jede muss völlig austrocknen, ehe sie überstrichen wird. Sie können gleichfarbige Schichten übereinander legen oder durch Schichten in verschiedenen Glitzerfarben zusätzliche interessante Effekte erzielen.

Gegenüber Intensiv und abstrakt, gleicht dieses Muster einer nächtlichen Großstadt-Skyline: es wurde nur auf eine Wand des Esszimmers gemalt. Auf einer schwarzen, hochglänzenden Grundierung (vergleiche Seite 26) wird mit der Rolle ein einzelner Streifen in Grün und ein Rechteck in Rot aufgetragen. Dann werden Streifen in verschiedenen Glitzerfarben über den schwarzen Untergrund und die roten und grünen Flächen gerollt (vergleiche Seite 62). Durch mehrschichtigen Auftrag wirkt das Glitzern besonders intensiv.

Noch mehr Ideen

Glitzerfarbe kann über jeder anderen Farbe oder Anstrichtechnik verwendet werden – von schlichtem, mattem Untergrund über zweifarbige Tupfenmuster bis zur Frottage. Auch in Kombination mit Mustern wie Streifen oder Punkten sieht Glitzerfarbe gut aus. Weil die Trägerflüssigkeit transparent austrocknet, wirkt sie wie ein glitzernder Klarlack.

Gegenüber Dieser Raum wirkt wie ein nächtliches, vom Mond beschienenes Meer. Die Anregung lieferte das „Nixen"-Abendkleid, das an der Tür hängt. Über einer seidenglänzenden Grundierung in warmem Blau (vergleiche Seite 21) wurden mit einer Rolle mehrere Schichten blauer und grüner Glitzerfarbe aufgetragen.

Oben In diesem Schlafzimmer wurde nur eine Wand mit Glitzerfarbe verziert. So wird der Raum optisch aufgewertet, ohne bei Tag sein sachliches, aufgeräumtes Wesen zu verlieren. Kleben Sie runde Haftnotizen aus dem Schreibwarenhandel locker verteilt auf eine weiße Wand. Dann streichen Sie mit der Rolle blaue und grüne Streifen über die Wand und die Haftnotizen, die wie Schablonen wirken. Wenn Sie die Klebezettel entfernen, bleiben verspielte weiße Tupfen zurück, die das streng lineare Streifenmuster angenehm auflockern. Schließlich werden mit einer Rolle zwei Schichten blauer Glitzerfarbe über die ganze Fläche aufgetragen, sodass die Wand bei abendlichem Kunstlicht geheimnisvoll funkelt.

Rechts Dieses alte Eichentablett sieht aus wie mit phosphoreszierendem Sternenstaub benetzt. Für diesen Effekt habe ich drei Schichten blauer und goldener Glitzerfarbe mit einem Pinsel aufgetragen. Je nach Lichteinfall scheinen die Glitterpartikel ihre Farbe zu verändern.

Polierter Verputz

Polierter Verputz hat den sanften, glatten Schimmer von polierten Steinen wie Achat, Alabaster, Marmor und Basalt, er erinnert an die unendliche Farben- und Formenvielfalt rund gewaschener Kiesel. Genau wie Farbe kann man Verputz abtönen und strukturieren, um die unterschiedlichsten Effekte zu imitieren – von Bronze bis Bernsteinperlen. Die Farben mögen anders sein, doch sie haben im Ergebnis die gleiche glatte Oberfläche. Lassen Sie sich bei der Auswahl der Pigmente zum Abtönen und bei der Auftragsmethode von der Natur leiten. So kann man beispielsweise die sanften terrakottafarbenen Gesteinsschichtungen des Grand Canyon ebenso wie die weichen Bögen von Gräsern im Wind oder die Muster von Wirbeln und Strudeln auf einer Wasseroberfläche in poliertem oder strukturiertem Verputz nachempfinden. Auch die unregelmäßigen Sprenkel auf einem Vogelei, rostiges Eisen oder andere Industrietexturen können Inspirationen für das Gestalten mit Verputz sein.

Textur und intensive Farbe

Der hier verwendete Verputz besteht aus einer Mischung von Marmorstaub, Kalk, Zement und Pigmenten. Nach dem Mischen wird er mit einer Kelle oder einem Reibebrett auf die Wand aufgetragen und anschließend mit der Kante des Werkzeuges glatt gezogen. So sind ganz unterschiedliche Effekte möglich, abhängig von der Menge beigemischter Pigmente oder vom Winkel der Kelle beim Glattziehen. Je nachdem, wie lange die Fläche mit dem Reibebrett geglättet wird, fällt das Ergebnis glatt und glänzend oder körnig strukturiert aus.

„Er erinnert an die unendliche Farben- und Formenvielfalt rund gewaschener Kiesel."

Im Uhrzeigersinn von links oben

Rost
Ein alter Öltank, der im Freien vor sich hinrostet, hat im Lauf der Jahre seine Struktur und Farbe verändert. Streifen in Orange und Mittelbraun mischen sich mit Flecken in hellem Rosa und Grau auf einem Hintergrund in pinkstichigem Mauve. Diesen Effekt erzielen Sie mit einem Zusatz von grobkörnigem Marmorstaub. Zuerst wird eine Schicht in Grau aufgetragen, dann folgt eine zweite in Rosa.

„No. 8"
Der amerikanische Künstler Mark Rothko (1903–70) hat Schicht um Schicht Farbe übereinander gelegt, um Effekte von erstaunlicher Tiefe und Nuanciertheit zu erzielen. In diesem Ausschnitt aus „No. 8" kann man das Zusammenspiel zweier Töne gut erkennen. Auch durch mehrschichtige Verarbeitung von Verputz sind ähnlich interessante Effekte zu erreichen.

Sandkonturen
Die Linien im Sand zeigen die Spuren der Flut. Sie erinnern daran, wie weit das Wasser auflief, ehe es still stand und wieder abebbte. Zarte, unregelmäßige Streifen aus feinem Sand bilden die Konturen des Strandes und liefern Anregungen für strukturierte Oberflächen.

Korkeffekt
Diese effektvolle Marmorierung mit den unregelmäßigen Farbflächen erinnert an trockene Borke. Die untere Schicht in blassem Orange ist glatt. Sie erscheint in großen, plakativen Formen, während die darüber liegenden „Schlieren" in mattem, dunkleren Orange eine gröbere Körnung aufweisen.

Polierten Putz verarbeiten

Diese harte, polierte und sehr modern wirkende Verarbeitungstechnik von Verputz geht zurück auf uralte Traditionen von Italien bis Indien. Eine Mischung aus Marmorstaub, Kalk, Zement, Wasser und Farbpigmenten wird mit einer metallenen Kelle oder einem Reibebrett aufgetragen und verrieben, bis sie glatt und poliert ist.

1 Mischen Sie Marmorstaub, Kalk und Zement zu ungefähr gleichen Teilen. Dann geben Sie Wasser dazu, bis die Mischung die Konsistenz von zähem Schlamm hat. Fügen Sie das Farbpigment hinzu und prüfen Sie den Farbton, indem Sie eine dünne Schicht Verputz auf ein Stück Papier streichen und es trocknen lassen. Durch das Trocknen hellt sich die Farbe in den meisten Fällen auf.

2 Geben Sie eine kleine Menge der Mischung auf die Kelle und tragen Sie sie auf die Wand auf. Dabei wird die Kelle fast parallel zur Wandoberfläche gehalten. Wiederholen Sie den Vorgang und füllen Sie dabei systematisch die ganze Wandfläche.

3 Wenn die erste Schicht trocken ist (etwa nach einer Stunde), kann eine zweite und eventuell später eine dritte Schicht aufgetragen werden.

Gegenüber Mischen Sie ein leuchtendes, lebhaftes Grün unter den Putzmörtel und tragen Sie die Mischung in schwungvollen Bögen auf, um eine tiefe Färbung mit unterschiedlich intensiven Bereichen zu erhalten. Polierter Verputz kann ganz nach Wunsch zart und subtil oder wild und verwegen aussehen. Den Ausschlag geben die Menge des zugefügten Pigments und die Bewegungen der Kelle beim Auftragen des Mörtels.

4 Um Glanz zu erzeugen, bearbeiten Sie den Verputz der letzten Schicht mit der Kelle, solange er noch nicht ganz ausgetrocknet ist. Dabei die Kelle in spitzem Winkel zur Wand halten und die oberste, wässrige Schicht abziehen. Bei diesem Vorgang, den man auch „das Fett Abziehen" nennt, treten die Zement- und Marmorpartikel stärker an die Oberfläche. Der Glanz entsteht durch den Kalkanteil im Verputz.

Noch mehr Ideen

Mit diesem Verputz kann man viele verschiedenartige Effekte erzielen. Man verwendet stets die gleiche Grundmischung und variiert lediglich einzelne Zutaten oder die Auftragstechnik. Unterschiedliche Texturen entstehen durch Verarbeitung von feinem, mittelfeinem und grobem Marmorstaub, aber auch durch Veränderung des Arbeitswinkels der Kelle. Die Oberfläche kann unregelmäßig gekörnt, wolkig oder fleckig bleiben. Sie kann durch Polieren oder Auftragen von Wachs oder Lack zum Schimmern oder sogar auf Hochglanz gebracht werden.

Oben Dieser Kamin in einem von dem Architekten Charles Rutherford entworfenen Haus steht frei wie eine Säule. Die Feuerstelle selbst ist schwarz gestrichen, die weiter oben liegende Präsentationsnische hat eine weiße Rückwand. Die Oberfläche der Wand ist mit grauem, polierten Verputz bedeckt, dem Bronzepulver (siehe Seite 121) zugesetzt wurde (keine alkalischen Spachtelmassen und Putze verwenden).

Gegenüber Zweischichtig aufgetragener, blauer Verputz schafft einen Effekt, der bewegtem Wasser ähnelt. Die untere Schicht ist relativ rau, weil grober Marmorstaub verarbeitet wurde. Die zweite Schicht enthält feineren Marmorstaub. Sie wurde aufgetragen und poliert, noch ehe die erste Schicht ganz ausgetrocknet war.

Oben rechts Der leuchtend blaue Verputz auf dieser Wand ist glatt wie Stuck. Er wurde mit der Kelle poliert, bis er glänzte. Die leicht strukturierte Oberfläche erinnert an die feinen Spuren des Wassers auf einem Sandstrand.

Rechts Eine erste Schicht aus mattem Verputz wurde mit unregelmäßigen Schichten von Mörtel bedeckt, dem grober Marmorstaub beigemischt war. Die letzte Schicht wurde mit der Kelle poliert.

Allerlei Muster
54

Im Uhrzeigersinn von links oben

Fein und diagonal
Die Adern dieses Blattes sind dünn und unregelmäßig, doch die Abstände sind ähnlich. Dieser Effekt würde – entsprechend vergrößert – auf einer Wand hinreißend aussehen. Feine und zarte Linien, die in unterschiedlichen Winkeln zusammenlaufen, könnte man beispielsweise mit opaker Farbe auf einem Untergrund aus halbtransparenter Lasur auftragen.

Sinnreich verschlungen
Jeder der leuchtenden Plastik-Draht-Kanäle ist unabhängig von den anderen und ergibt eine klare, scharf konturierte, erhabene Linie. Auch dieses Muster lässt sich auf eine Wand übertragen.

Ordnung des Zen
Makellos geharkte Linien fließen um die Findlinge in diesem japanischen Zen-Garten. Die Regelmäßigkeit beinhaltet weder Überraschungen noch abrupte Bewegungen. Nimmt man statt der Harke einen Kamm, kann man den Effekt auf einer Wand reproduzieren.

Schlicht und ruhig
Auch für dieses Design haben japanische Zen-Gärten mit ihren fließenden, geharkten Sandmustern den Ausschlag gegeben. Die sparsame Verzierung des Hockers ist bewusst an diesen Stil angelehnt. Obwohl wenig Farbe verwendet wurde, ist das Gesamtbild sehr geschlossen. Die einfachen Linien – gebogen, geschwungen und gerade – wurden mit einem unregelmäßigen Zahnkamm in die Farbe einer hell naturfarbenen Grundierung gezogen.

Falten und Brüche
Die wundervollen Formationen des Grand Canyon zeigen die verschiedenen Gesteinsschichten, die das markante Streifenmuster erzeugt haben: waagerechte Brüche und Falten, entstanden durch die langsamen Bewegungen der Erdkruste. Zieht man ein Stück Pappe in unterschiedlichen Winkeln durch Farbe und Lasur, erhält man ein ähnliches Bild.

Streifen

Stellen Sie sich lange, schmale, senkrechte Linien ähnlich einem Truppenverband in Reih und Glied vor; oder als hohe Grashalme, die sich im Wind wiegen; als gebrochenes Streifenmuster eines Zebras oder Tigers; als feine Schichtungen in Gestein; als Bambusdickicht – all das sind Erscheinungsbilder von Streifen. Es können breite Balken sein, feine Adern, flatternde Bänder oder vereinzelte dünne Linien.

Auch Stoffe können als Inspiration dienen: Auf dem Webstuhl hergestellte Stoffe sind immer gestreift. Es gibt Wollstoffe mit feinen Nadelstreifen oder Matratzendrell mit gleichmäßigen Streifen, aber auch Kelims und indische Saristoffe mit Streifen aus Silber und Gold.

Vielfalt der Möglichkeiten

Streifen sind vermutlich die einfachste Form eines Musterrapportes. Ihre Einfachheit macht sie so unglaublich vielseitig, sie passen sich buchstäblich jedem Stil an. Der Rapport kann regelmäßig oder unregelmäßig sein, die Streifen können breit oder schmal sein, unterschiedlich oder gleichmäßig, gerade oder wellig, weich- oder scharfkantig, außerdem waagerecht, senkrecht oder diagonal. Die Farben der Streifen können Ton in Ton bleiben oder Kontraste bilden, sie können uni oder gemustert sein.

Senkrechte Streifen sind ein ideales Hilfsmittel, um einen niedrigen Raum höher erscheinen zu lassen. Waagerechte Streifen sind zwar relativ unüblich, doch sehr wirkungsvoll, um kleine Zimmer optisch zu vergrößern.

Gemalte Streifen lassen sich auf vielerlei Weise produzieren, von schmalen Pinselstrichen bis zu breiten, mit der Rolle aufgetragenen Blockstreifen. Mit Zahnspachteln und Pappenecken kann man exakte Konturen oder lockere, fließende Linien ziehen. Beim Malen aus der freien Hand haben Sie die größte gestalterische Freiheit.

„Ob scharfkantig oder weich, gerade oder wellig, Streifen sind unglaublich vielseitig."

Kammzugtechnik

Bei meinen Beispielen wird der Kamm (oder Zahnspachtel) durch eine Schicht farbiger Lasur (siehe Seite 121) gezogen, sodass ein Streifenmuster entsteht, bei dem die Grundierung sichtbar wird.

Maler verwenden meist Zahnspachteln aus Hartgummi oder Plastik mit eckigen, keilförmigen Zähnen. Weichere Linien erhalten Sie mit einem Stück Pappe oder mit den Fingern. Die Fingertechnik stammt vom Volk der Ndebele im Süden Afrikas, die damit traditionell die Außenseiten ihrer Häuser verzieren. Der Vorzug der Kammzugtechnik liegt in der Geschwindigkeit, der einfachen Handhabung und der Vielseitigkeit. Einfache Streifen können in regelmäßigen oder unregelmäßigen Abständen angelegt werden, man kann Wellen- oder Zickzacklinien ziehen oder Streifen in unterschiedlichen Richtungen übereinander legen, um ein Karomuster zu erhalten. Die beste Wirkung wird erzielt, wenn Lasur und Grundierung stark miteinander kontrastieren.

1 Tragen Sie mit einem Haushaltspinsel eine gleichmäßige, nicht zu dicke Schicht Lasurmedium (siehe Seite 121) auf die Oberfläche auf. Wenn Sie eine große Fläche bearbeiten, gehen Sie am besten in Abschnitten vor. Dabei bleibt der Rand eines Abschnitts zunächst unverziert, damit später kein Ansatz zu erkennen ist.

2 Ziehen Sie den Kamm mit leichtem Druck durch die nasse Lasur. Er muss häufig abgewischt werden, um die Farbe zu entfernen, die sich zwischen den Zähnen sammelt. Sie können verschiedenste Muster „kämmen“, beispielsweise Zickzack- oder Wellenlinien. Wenn Sie mehrere Lasurschichten übereinander legen wollen, muss jede vor dem Auftrag der nächsten völlig austrocknen.

Oben Traditionelle Kämme mit gleichen oder unregelmäßigen Zähnen sind relativ klein. Man kann aber leicht aus fester Pappe oder steifen PVC-Bodenbelagsplatten größere Zahnspachtel nach den eigenen Vorstellungen herstellen.

Mit Pappe
Schneiden oder reißen Sie ein Stück dicker Pappe zurecht, das Sie bequem mit zwei Händen halten können. Tragen Sie dann eine gleichmäßige, nicht zu dicke Schicht Lasur in einem Streifen auf, der etwas breiter als die Pappe ist. Setzen Sie die Pappe am oberen Ende an und ziehen Sie sie mit gleichmäßigem, leichten Druck nach unten. Um die Richtung der Streifen zu ändern, ziehen Sie eine Hand etwas stärker abwärts als die andere. Eine waagerechte Linie entsteht, wenn Sie in der Bewegung innehalten, die Pappe absetzen und mit etwas verändertem Winkel neu ansetzen.

Mit den Fingern
Tragen Sie farbige Lasur auf eine überschaubare Fläche auf. Halten Sie zwei oder drei Finger parallel und ziehen Sie sie durch die feuchte Lasur. Je nachdem, ob sie einzelne Finger abwinkeln oder gestreckt halten, entstehen unterschiedliche Muster.

Handgemalte Streifen

Wenn Streifen auf einer Wand gut wirken sollen, müssen sie exakt senkrecht sein. Schiefe oder wellige Streifen auf einer so großen Fläche wirken unbehaglich und irritierend. Handgemalte Streifen können durchaus sauber und gerade gelingen. Die leichten Unregelmäßigkeiten der Konturen nehmen ihnen die Strenge und machen sie wohnlicher.

Ein gutes Hilfsmittel für senkrechte Streifen ist ein improvisiertes Lot aus einem Stück Schnur und einem Gewicht; die Lotlinie dient als Hilfslinie für den Pinsel. Knetbare Haftpunkte eignen sich als Gewicht und zum Befestigen des Lots an der Wand. Sinnvoll sind auch Pinsel in verschiedenen Breiten für unterschiedlich dicke Streifen.

Gegenüber Eine Wand dieser Küche ist mit leuchtend bunten Streifen bemalt. Farbtiefe und Breite sind ganz unterschiedlich. So springen einige Streifen ins Auge, während andere optisch zurückweichen. Manche wirken leicht und luftig, andere gewichtig. Auf der natürlich rauen Wand kommen die zart welligen Streifenkonturen besonders gut zur Geltung. Ausgeschnittene und aufgeklebte Papierdrucke (vergleiche Seite 74) unterstreichen die tonalen Unterschiede zwischen den Farben.

1 Schneiden Sie mehrere Stücke Schnur in der Höhe der Wand zu. Kleben Sie jeweils ein Ende der Schnüre mit Klebepunkten an die Oberkante der Wand. Damit die Fäden gerade hängen, werden ihre unteren Enden mit Klebepunkten beschwert. Variieren Sie die Abstände, um unterschiedlich breite Streifen zu erhalten. Malen Sie nun an der ersten Schnur entlang den ersten Streifen auf. Lassen Sie sich Zeit: je stärker Sie den Pinsel aufdrücken, umso welliger wird die Kontur.

2 Anschließend wird mit der gleichen Technik jeder zweite Streifen ausgemalt. Schneller geht es, wenn Sie für diverse Streifenbreiten unterschiedliche Pinselgrößen verwenden.

3 Ehe Sie nun die noch freien Streifen ausmalen, müssen alle Farben getrocknet sein. Auf trockener Farbe kann man Ausrutscher leicht abwischen, während sie auf feuchter Farbe nur verschmieren.

Für waagerechte Streifen zeichnen Sie mit Lineal und Wasserwaage feine Hilfslinien mit dem Bleistift vor, dann verfahren Sie wie oben beschrieben.

Mit der Rolle

Rollen sind zum Auftragen von Farbe auf ebene Oberflächen gedacht und ideal zum Arbeiten von Streifen. Es gibt sie aus Schaumstoff und langflorigem Material in verschiedenen Breiten. Langflorige Rollen sind flauschig, sie produzieren eine wellige, unregelmäßige Kontur. Schaumstoffrollen dagegen ergeben glatte, saubere Linien. Die unregelmäßigen Konturen der Langflorrollen kann man noch verstärken, indem man die Rolle anfeuchtet und benachbarte Streifen leicht überlappen lässt.

Gegenüber Waagerechte Streifen lassen einen Raum größer und geräumiger erscheinen, vor allem, wenn helle Farben wie dieses Blau, Lila und Gelb kombiniert werden. Für die leicht verwischten Konturen wurde mit angefeuchteten Schaumstoffrollen gearbeitet. Die Streifenränder überlappen einander gelegentlich, wobei das Gesamtergebnis weicher und weniger formell wirkt.

Links Wählen Sie Farben, die im Tonwert ähnlich sind und arbeiten Sie mit verschiedenen Rollen.

3 Arbeiten Sie in dieser Weise weiter. Gelegentlich lassen Sie die Streifenkonturen einander überlappen, damit leicht veränderte Farbeffekte entstehen.

1 Bereiten Sie einige improvisierte Lotschnüre (siehe Seite 61) zur geraden Führung der Rolle vor. Tauchen Sie die angefeuchtete Rolle in die erste Farbe und malen Sie damit den ersten Streifen. Dabei immer nur in eine Richtung rollern.

2 Noch ehe der erste Streifen getrocknet ist, tragen Sie den zweiten so auf, dass er dicht an den anderen anschließt.

Links Diese Wand sollte in klarem, jedoch nicht aufdringlichen Design gestaltet werden, um zur Einrichtung zu passen. Ich habe eine Grundierung aus Goldmetallic-Farbe (siehe Seite 33) aufgetragen und darüber einen blassen Beige-Rosé-Ton in Pinselzugtechnik verarbeitet. Um mehr Tiefe zu erzielen, habe ich darüber noch zwei weitere Schichten gelegt, eine in Gold und eine in Rosé, beide ebenfalls in Pinselzugtechnik. Der Schimmer der Goldfarbe reflektiert das Licht, ist aber nicht vorrangig.

Pinselzugtechnik

Wildseide, Leinen und manche anderen Naturfaserstoffe haben oft eine leicht unregelmäßige Streifen-Webstruktur. Auch bei Pflanzen kann man solche feinen, leicht streifigen Strukturen erkennen – allerdings manchmal nur unter dem Mikroskop. Diese zarten Strukturen kann man mit der Pinselzugtechnik imitieren.

Nimmt man nur wenig Farbe mit dem Pinsel auf und verstreicht diese mit „fegenden" Bewegungen, bleiben feine Strichmuster zurück. Ähnliche Effekte erzielt man mit einem speziellen Zugpinsel, den man durch eine farbige Lasur zieht. Noch reizvoller wird die Wirkung, wenn man diese Technik in mehreren übereinander liegenden Schichten anwendet.

Die Pinselzugtechnik kommt dem Effekt von Wildseide besonders nahe, wenn Grundier- und Lasurfarbe nahezu Ton in Ton gewählt werden. Dramatischer ist die Wirkung bei Verwendung von neutralen oder Metallicfarben (siehe Seite 33) auf einem sehr dunklen oder sogar schwarzen Untergrund.

1 Tragen Sie das eingefärbte Lasurmedium in Streifen auf. Auf einer Wand arbeiten Sie am besten etappenweise in 45cm breiten Streifen, die etwa 2,5cm unterhalb der Decke beginnen.

2 Nehmen Sie einen speziellen Zugpinsel und „fegen" Sie mit ihm über die Lasur, die dadurch in Streifen aufgefächert wird. Lassen Sie an der seitlichen Kante einen unbearbeiteten Lasurstreifen stehen, damit später keine Ansätze sichtbar bleiben.

3 Unter der Decke setzen Sie den Pinsel flach auf, drücken die Spitze der Borsten leicht mit der Hand an und ziehen ihn abwärts, wodurch er etwas Lasur abgibt.

Pinselzug mit Farbe

1 Reine Farbe ohne Lasuranteile sollte sehr trocken verarbeitet werden. Drücken Sie überschüssige Farbe mit einem Papiertuch aus dem Pinsel oder tauchen Sie nur die äußerste Spitze des Pinsels ein, sodass sich die Borsten zu mehreren Spitzen formen. So aufgetragen entstehen feine, unregelmäßige Streifen, zwischen denen die Grundierung durchschimmert.

2 Wenn die erste Schicht trocken ist, tragen Sie in der gleichen Weise eine zweite mit einer anderen, Ton in Ton abgestimmten Farbe auf. So können Sie auch Bereiche ausgleichen, bei denen im ersten Auftrag zu viel Farbe haften geblieben ist.

Noch mehr Ideen

Streifen sind eine gute Lösung für schwierig zu gestaltende Bereiche, ganz gleich, ob Sie einen gedämpften, kühlen, formalen oder einen frechen und unkonventionellen Stil bevorzugen. Um dieses narrensichere Design entsprechend zu variieren, müssen Sie nur verschiedene Materialien, Farbtöne, Techniken oder Texturen kombinieren.

Streifen müssen nicht akkurat gerade sein. Die lineare Wirkung bleibt auch dann erhalten, wenn die Konturen wellig sind. Durch Überlappung kann man vielerlei Muster und Effekte erzielen.

Waagerechte Linien lassen Räume breiter erscheinen. Man beschränkt sie am besten auf eine Wand, damit sie nicht zu aufdringlich wirken. Senkrechte Streifen dagegen machen einen Raum optisch höher. Ein Streifen muss auch keineswegs ein kompakter Strich aus Farbe sein. Man kann das Muster problemlos auflockern, etwa durch ein Tupfenmuster in Kartoffeldruck oder mit der Frottagetechnik.

Oben Um eine einfache, getäfelte Tür zu beleben, kann man jedes Türbrett in einer anderen seidenglänzenden Farbe streichen (siehe Seite 21). Der zarte Glanz wirkt in Eiscremefarben besonders edel, das Ergebnis ist modern und kühl.

Gegenüber oben Diese Wand in Kammzugtechnik sieht aus wie Gestein. Nur stellenweise blitzen intensive Farben durch. Zuerst wird eine Schicht graublauer Lasur in geraden Linien mit einem Pappstreifen „gekämmt“ (siehe Seite 59). Nach dem Trocknen wird orangefarbene und braune Lasur in unregelmäßigen Flecken aufgetragen, manchmal auch übereinander. Wieder wird ein Pappstreifen hindurchgezogen, diesmal jedoch in Wellenbewegungen.

Links Leuchtend bonbonrosa Streifen stehen an dieser Wand eines Arbeitszimmers Spalier. Arbeiten Sie mit drei verschiedenen Rosétönen, aber mit nur zwei Rollen (vergleiche Seite 62), damit sich die Farben vermischen. Statt die Rollen auszuwaschen, werden sie durchgehend benutzt, und zwar für verschiedene Farben. So entstehen ganz natürliche Mischtöne.

Oben Cremeweiße Lasur ist mit einem selbst nach Maß zugeschnittenen Kamm (siehe Seite 58) auf einem schwarzblauen Schubladenschrank zu unterschiedlichen Streifen- und Karomustern verarbeitet worden. Die leichten Unebenheiten der Streifen und der Wechsel von Dunkel und Hell lasssen das kantige Möbel weicher erscheinen.

„Quadrate können auch pfiffig als schiefe Winkel angeordnet werden."

Quadrate und Rechtecke

Hohe, kantige Pfeiler ragen aus der Landschaft, Raster bilden das Skelett städtischer Gebäude – die Welt, in der wir leben, ist von der Geometrie geprägt. Mit Stahlbeton und Stahl-und-Glas-Bauten ist sie zum beherrschenden Element des modernen Designs geworden. Auch Künstler haben sich von Quadraten und Rechtecken anregen lassen. Paul Cézanne und später die Kubisten haben die sichtbare Welt in Würfel, Quadrate und Rechtecke aufgelöst, während Piet Mondrian und andere mit strengen schwarzen Rastern und Blöcken in Rot, Gelb und Weiß arbeiteten.

Reine Geometrie

Geometrische Muster können mathematisch und regelmäßig sein, etwa die Muster von Bodenfliesen, von japanischen Papierschiebewänden oder Metallgittern. Ein Muster kann scharfkantig und stahlhart wirken, mit exakten Winkeln und glatten Oberflächen in klaren Farben. Quadratische schwarzweiße Bodenfliesen sind ein klassisches geometrisches Design, das zu modernen und traditionellen Einrichtungen gleichermaßen passt. Aber Quadrate und Rechtecke müssen nicht streng und hart wirken – sie können auch pfiffig als schräge Winkel angeordnet sein, weiche Konturen, strukturierte Oberflächen und sanfte Naturfarben haben. Denken sie nur an Patchworkmuster oder Luftaufnahmen von Feldern und Äckern.

Die Struktur betonen

Räume sind normalerweise rechteckig, wie auch viele der Möbel darin. Sie können diese Strukturen betonen, indem Sie längliche Rechtecke oder Quadrate um ein Fenster, über eine Tür oder auf eine leere Wand malen. Lackieren Sie Möbel, um die Formelemente besser zur Geltung zu bringen. Die Türen und Schubladen kann man wirkungsvoll optisch absetzen.

Die Dekoration mit geometrischen Formen ist vielseitig, von minimaler Verzierung bis zu komplexen Mustern. Arbeiten Sie mit Quadraten aus Metallfolie, fertig zugeschnittenen, gummierten Papierquadraten oder selbst ausgeschnittenen Papieren, „drucken" Sie Quadrate mit dem Schwamm oder malen Sie sie mit Rollen und Schablonen, um geometrische Designs zu vielfältigem Leben zu erwecken.

Im Uhrzeigersinn von links oben

Netzwerk
Netze haben ein gleichmäßiges Muster. Schnur wird zu regelmäßigen Maschen verknüpft. Wird das Netz gedehnt oder gedreht, entstehen verschiedenste Rauten- und Parallelogramm-Formen. Solch ein Muster aus geraden und gewellten Linien kann man auch auf eine Wand aufbringen (siehe Seite 78).

Verzerrte Reflexe
Gebäude mit Glasfassaden werden von einem markanten Stahlgerüst getragen. Die Fenster wirken wie Spiegel, die Nachbargebäude und Himmel reflektieren. Hier verzerren glänzende, konvexe Flächen die Spiegelungen anderer geometrischer Fenster. Blattmetall kann ähnlich spiegelnde und verzerrende Effekte schaffen (siehe Seite 70).

Quadratur des Kreises
Ordnet man Fliesen schräg an und variiert die Abstände entsprechend, können Kreise und vielerlei andere runde Formen entstehen. Einen solchen Kreis aus Quadraten kann man auch mit ausgeschnittenen und aufgeklebten Papierstücken oder mit Schablonen (siehe Seite 74 und 77) gestalten.

Verrückte Vierecke
Die Anordnung dieser mit einer Schablone aufgetragenen Vierecke (siehe Seite 77) lehnt sich an Fliesendekore an, die als Mosaike oder unregelmäßige Muster arrangiert sind.

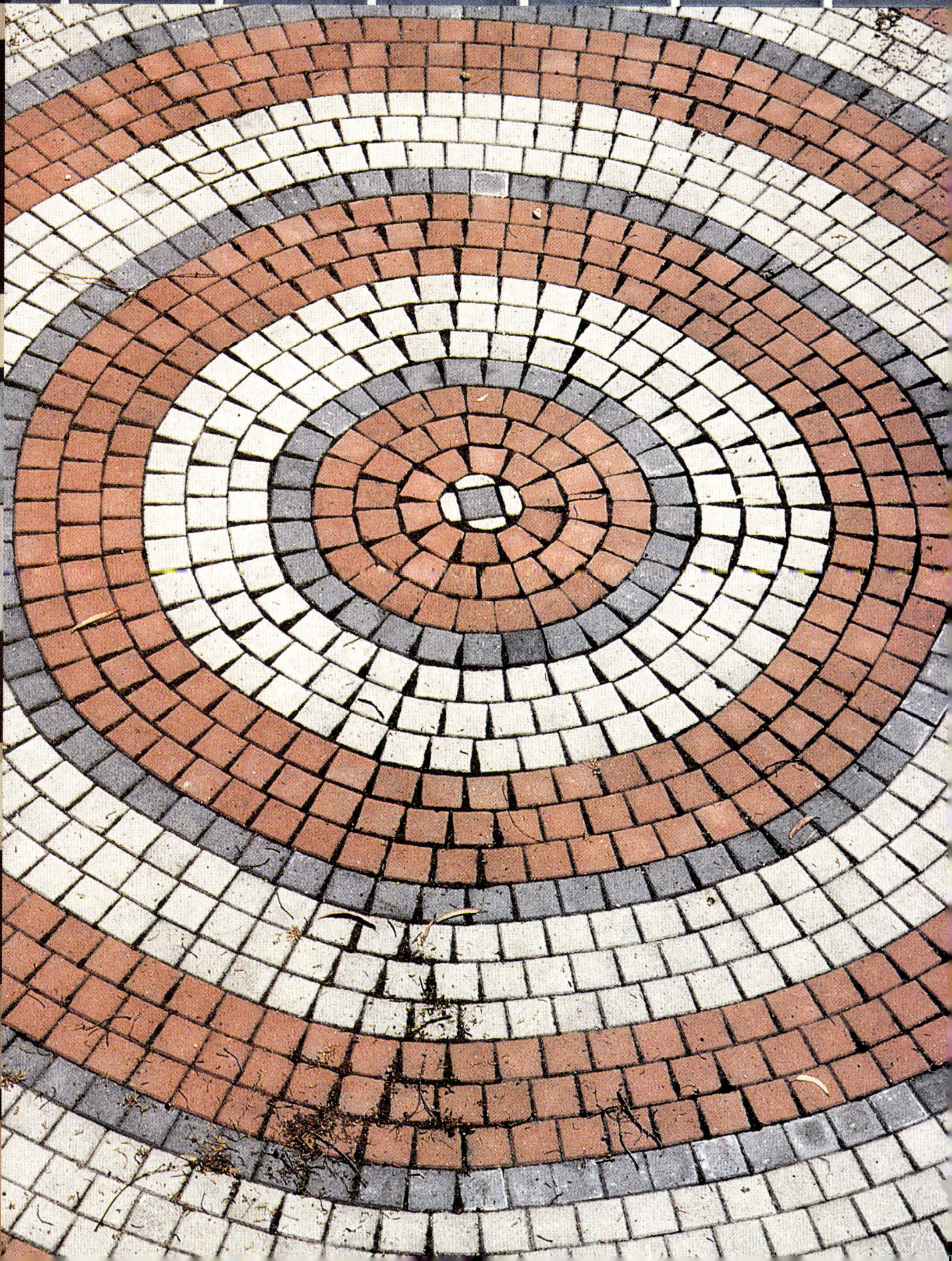

Blattmetall verarbeiten

Moderne Metalle prägen unsere Umwelt von der Architektur über Möbel, Haushaltsutensilien bis hin zu technischen Geräten. Um die Eigenschaften dieser Materialien in der Dekoration einzusetzen, gibt es nichts Besseres als das Verarbeiten von Blattmetall. Keine Farbe hat einen solchen Glanz.

Aluminium (als Silberimitat) wirkt im Licht spiegelnd weiß, im Schatten dagegen grau. Kupfer hat einen warmen, orangeroten Schimmer und Messing (als Goldimitat) schimmert im Licht sanft gelb. Die Verarbeitung von Blattmetall ist nicht so schwierig, wie sie aussieht. Und auch die Kosten dafür halten sich im Rahmen. Echte, hauchdünn geschlagene Gold- und Silberblätter sind hingegen kostspielig und werden von Spezialisten verarbeitet.

Blattmetall wird in handlichen, quadratischen Stückchen von etwa 12,5cm x 12,5cm angeboten. Schon wegen dieses Zuschnitts bietet es sich für geometrische Muster förmlich an. Der außerdem benötigte wasserlösliche Kleber, Anlegemilch genannt, bleibt nahezu endlos klebrig. Sie können ihn auf eine größere Fläche auftragen, das Blattmetall auflegen und dazwischen Bereiche frei lassen. Zum Schluss wird die Fläche lackiert, um das Metall zu schützen und den Kleber abzudecken. Alternativ tragen Sie den Kleber in kleinen Flächen auf, die von den Metallstücken komplett abgedeckt werden.

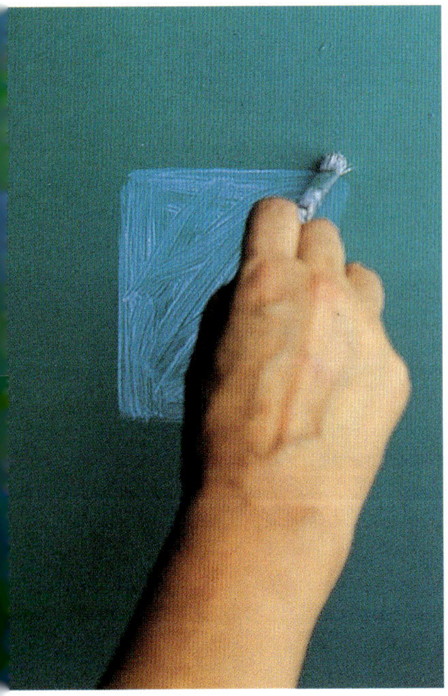

1 Tragen Sie mit einem alten Pinsel eine Schicht wasserlöslichen Kleber auf. Lassen Sie ihn leicht anziehen, bis er klebefähig und transparent wird.

3 Mit einem ganz weichen Pinsel, wird das Blatt nun mit tupfenden (nicht wischenden) Bewegungen angedrückt und geglättet. Risse oder unregelmäßige Stellen lassen sich mit kleinen Reststücken ausfüllen. Überstehende Reste kann man abwischen und für spätere Reparaturen aufbewahren. Abgesehen von Gold müssen alle Metalle mit einer transparenten Lackschicht vor Oxydation geschützt werden.

2 Blattmetall ist extrem leicht und dünn, darum ist es etwas schwierig zu handhaben. Am besten gelingt es, wenn Sie die Hände mit Talkum bestäuben. Legen Sie das Blatt vorsichtig auf Ihre Handinnenfläche, dann setzen Sie es zuerst an der Seitenkante auf den Kleber und lassen es vorsichtig von der Hand gleiten.

Gegenüber Blattmetall kommt am besten in Kombination mit starken Farben zur Geltung. Ein modernes Patchworkmuster mit Glanzeffekt erhalten Sie, wenn Sie mit kleinen Farbrollen Quadrate in verschiedenen Farben malen und hier und da Felder aus Aluminium, Messing und Kupfer einbauen.

World Encyclopedia of NAIVE ART
DRESS IN ITALIAN PAINTING
RAGE AGAINST THE DYING
SCIENCE

World Furniture
MUSIC
pop art

Lasurkaros

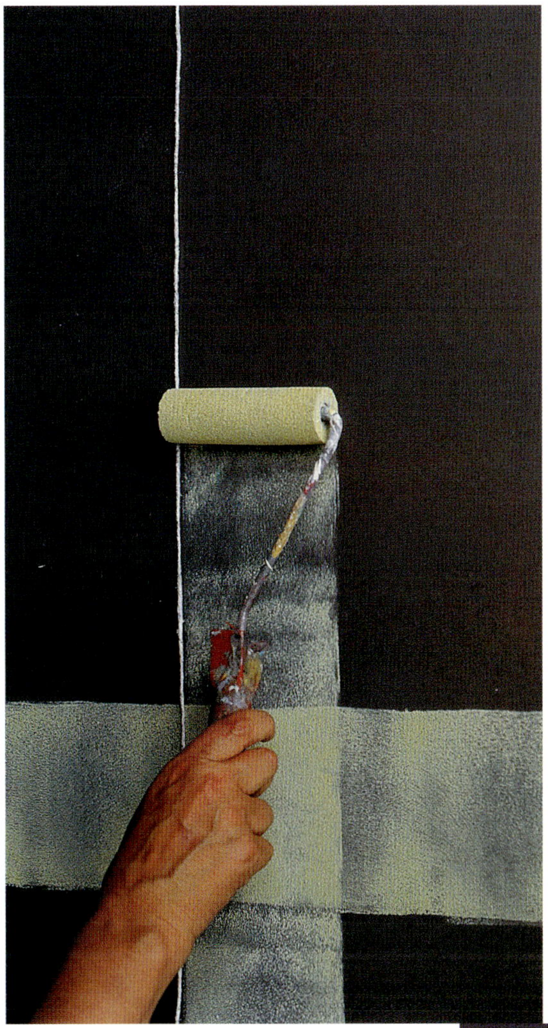

Die Grundlagen jedes Karomusters sind sich kreuzende senkrechte und waagerechte Linien. Bei gewebten Stoffen entsteht im Kreuzungsbereich eine Mischfarbe. Als Inspiration können Sarongs aus leuchtend buntem Madras-Karo, seidene Saristoffe mit silbernen und goldenen Fäden, einfaches Vichykaro oder schottische Tartans in Heidekraut-Tönen dienen.

Um ein Karomuster zu malen, brauchen Sie nur mit verschieden breiten Rollen ein Raster aufzutragen, dessen Streifen unterschiedliche Abstände haben. Das Raster kann regelmäßig oder unregelmäßig sein, die Zwischenräume klein oder groß. Beschränken Sie sich aber für den Anfang auf zwei oder drei Farben, damit das Muster nicht zu schwer wird. Mit Farben, die mit Lasurmedium (siehe Seite 121) verdünnt werden, lassen sich Karomuster mit „Webeffekt" zaubern, weil in den Überlappungsbereichen neue Farbtöne entstehen.

1 Machen Sie zuerst zwei oder drei farbige Lasur-Medien an. Hängen Sie eine improvisierte Lotschnur an der Oberkante der Wand auf (siehe Seite 61). Nehmen Sie die erste Farbe auf die Rolle und setzen einen Streifen entlang der Lotschnur. Um akkurate, waagerechte Streifen zu erhalten, zeichnen Sie mit Bleistift und Wasserwaage kleine Markierungen auf die Wand.

2 Schneiden Sie eine zweite Schaumstoffrolle mit einer scharfen Schere auf die gewünschte schmale Streifenbreite.

Gegenüber Passend zum Rasterdesign des Regals wurde eine Wand mit einem Karomuster dekoriert, das von asiatischen Stoffen inspiriert ist. Die dunkelblau grundierte Wand hätte einen zu starken Kontrast zu den silbernen Streifen abgegeben, deshalb habe ich zuerst eine türkisfarbene Lasur aufgetragen (siehe Seite 108). Dann habe ich eine Mischung aus Silber-Metallicfarbe (siehe Seite 33) und Lasur in Streifen aufgerollert und von Hand feine Linien in mattem Türkis hinzugefügt.

3 Rücken Sie die Lotschnur ein Stück weiter und tragen mit der abgeschnittenen Rolle die zweite Lasurfarbe auf. Dabei rollern Sie über den waagerechten Streifen. Bauen Sie auf diese Weise nach und nach ein Karomuster auf. Wechseln Sie die Rollenbreiten und die Streifenrichtungen, sodass einmal der waagerechte Streifen den senkrechten überlagert, ein andermal der senkrechte den waagerechten. Zum Schluss ziehen Sie von Hand mit einem feinen Künstlerpinsel und leicht verdünnter Farbe (siehe Seite 96) dünne Linien neben oder auf den gerollten Streifen.

Papierquadrate

Die Gestaltung mit geometrisch zugeschnittenem Papier führt zwei Ideen der modernen Kunst zusammen: die sachlich-abstrakten Kompositionen aus Quadraten und Rechtecken, mit denen der niederländische Künstler Mondrian experimentierte, und die Arbeiten des französischen Malers Henri Matisse mit farbigem Papier.

Lassen Sie sich von diesen Ideen leiten: Sie können akkurate, geometrische Formen zuschneiden, sie ein wenig aus dem strengen 90°-Winkel laufen lassen oder Rechtecke und Quadrate verschiedener Größe mischen. Faszinierend ist auch ein Mix aus akkuraten und leicht asymmetrischen Formen. Ordnen Sie die Elemente regelmäßig wie ein Raster an oder lassen Sie sie willkürlich verteilt auf der Fläche „treiben". Bedenken Sie aber, dass diese Technik vor allem auf großflächigen Wänden viel Arbeit bedeuten kann. Allerdings muss die Wand nicht vollständig bedeckt werden. Einige strategisch geschickt angeordnete Stücke reichen oft aus, denn im Design hat auch der freie Raum um die Formen Aussage und Gewicht.

Für abwechslungsreiche Lösungen eignen sich einfaches Papier, ausländische Zeitungen mit exotischen Schriften, Comics oder Zeitschriftenausschnitte. Papier hat jedoch keine lange Lebensdauer: Zeitungspapier vergilbt, Seidenpapier bleicht in der Sonne aus.

1 Schneiden Sie Ihre Quadrate oder Rechtecke in gleicher Größe wie hier oder in verschiedenen Formaten aus. Tragen Sie auf einer entsprechenden Fläche Klebstoff auf den Untergrund auf. Zwar eignen sich alle Klebstoffe, doch solche auf Stärkebasis sind besonders empfehlenswert, weil sich das Papier dann später leicht entfernen lässt.

2 Legen Sie eine Kante des Papierstücks auf und drücken die restliche Fläche behutsam mit einem feuchten Schwamm an. Fahren Sie mehrfach mit dem Schwamm über das Papier, um Luft- und Klebstoffblasen herauszudrücken und um Falten glatt zu streichen. Wischen Sie überschüssigen Kleber und Farbreste vom Papier mit einem frisch ausgespülten Schwamm ab. Die weiteren Formen ebenso anbringen.

Gegenüber Mit nur drei Papierfarben, zwei Brauntönen und einem Grau, belebt dieses Arrangement aus Quadraten verschiedener Größen eine Wand in einer modernen Wohnung. Hier wurden die Stücke in annähernd gleichen Abständen platziert. Spannungsvoller sieht es aus, wenn die Papierstücke bewusst unregelmäßig verteilt oder gegeneinander verdreht werden.

Geometrische Schablonenmuster

Gegenüber Die Wände dieser Küche in einem umgebauten Lagerhaus tragen ein Schablonenmuster in Milchkaffeebraun, Eisblau und Beige auf dunkelbraunem Untergrund. Gerade die dunkle Grundierung gibt dem Muster Substanz und lässt die Einzelmotive gut zur Geltung kommen. Hier wurden nur vier unregelmäßige Quadratschablonen verwendet, dazwischen sorgen einige kleinere Muster für Abwechslung.

Schlichte Formen sind für moderne, abstrakt-geometrische Muster charakteristisch. Am einfachsten lassen sich solche Effekte in der Wohnung mit Schablonen und Rollen reproduzieren.

Ein abstraktes Design soll ausgewogen wirken, ohne einen deutlichen Rapport oder ähnliche vorhersehbare Züge zu besitzen. Aus speziellem Schablonenkarton oder aus Frühstücksflocken-Packungen lassen sich Schablonen zuschneiden, die man zu interessanten Mustern arrangieren kann. Stupft man mit einem Pinsel in die Schablone, erhält man strukturierte Oberflächen. Mit einer Rolle dagegen ergibt sich ein „glatter“ Look.

Das Geheimnis beim Schablonieren ist der sparsame Umgang mit der Farbe, die zudem relativ dickflüssig sein muss, damit sie nicht unter die Ränder der Schablone fließt.

1 Schneiden Sie mit einem scharfen Cutter Quadrate und Rechtecke aus dünner, aber fester Pappe aus. Wer mag, kann auch ein Lineal zur Hilfe nehmen. Achten Sie darauf, dass die Formen nicht zu gleichmäßig ausfallen. Schrägen Sie auch einmal eine Kante ab.

2 Legen Sie die Schablone auf die Wand. Sie können sie mit Malerkrepp oder Haftspray fixieren. Nehmen Sie mit einer kleinen Rolle etwas Farbe auf. Überschüssige Farbe unbedingt in einem Papiertuch abwischen. Dann mit der Rolle mehrfach über die Schablone rollern, um eine geschlossene, aber leicht unregelmäßige Oberfläche zu erhalten.

3 Um eine L-Form zu erhalten, rollern Sie einfach um eine Ecke Ihrer Schablone.

Ein Raster aufbauen

Statt flächige Quadrate und Rechtecke zu rollern, können Sie die gleichen Formen auch mit Linien andeuten. Bei solchen Rastern, inspiriert von Netz, Karopapier oder Eisengitter, entstehen die geometrischen Formen durch die freien Flächen zwischen den Linien. So ergibt sich ein leichteres, weniger dichtes Bild.

Ein Raster kann regelmäßig und exakt gerade gemalt werden, die Linien können aber auch unkonventionell wellig und in wechselnden Winkeln angeordnet werden. Scharfe, klare Linien gelingen am besten mit Malerkrepp. Unregelmäßige Linien dagegen kann man gut mit der Kante einer Pappe „drucken".

Gegenüber Dieses unregelmäßige Rastermuster wird durch einzelne Flächen in leuchtenden Farben zum Leben gebracht. Das Muster erinnert an die Dekore von Küchengeschirr aus den 1950-er Jahren. Durch die hellen, leuchtenden Farben wirkt dieser Essplatz freundlich und luftig.

1 Wählen Sie ein Maler-Kreppklebeband in der gewünschten Breite, um den Streifen für das Malen abzudecken. So entsteht nach dem Abziehen ein „negativer" Streifen. Kleben Sie das Band auf und drücken es gut an, damit keine Farbe darunter fließen kann. Stupfen Sie die Farbe mit einem Pinsel auf, der nur eben eingetaucht wurde. Die Farbtiefe wird nach und nach aufgebaut.

2 Ziehen Sie das Klebeband unbedingt ab, solange die Farbe noch feucht ist.

3 Verpackungskartons sind fest und saugfähig, sie eignen sich gut zum Drucken. Tragen Sie mit einem Pinsel etwas Farbe auf die Kante auf. Die Farbe darf weder zu feucht und flüssig noch zu dick und pastös sein. Machen Sie vorsichtshalber einen Probedruck.

4 Pressen Sie die eingefärbte Kante der Pappe mit gleichmäßigem Druck an Ihre Wand. Man kann manchmal mit einer Einfärbung zwei Drucke machen. Wenn der zweite deutlich schwächer ausfällt als der erste, müssen Sie vor jedem Druck etwas neue Farbe auftragen.

Tupfen, Punkte und Kreise

Im Uhrzeigersinn von links oben

Kreise im Kreis
Zitrusfrüchte in einem runden Korb bilden ein Arrangement aus sich überschneidenden Kreisen. Die verschiedenen Gelb- und Grüntöne ergeben gemeinsam mit dem Spiel von Sonnenlicht und Schatten ein komplexes Muster, das man auch mit leuchtenden Farben reproduzieren kann.

Sommerliche Tupfen
Mit einer Musterrolle (siehe Seite 90) habe ich den Eindruck von Sommerblumen auf einer Wiese eingefangen. Manche Tupfen überlappen einander, andere sitzen exakt nebeneinander und manche sind etwas verwischt. Die angedeuteten, zarten Blütenfarben bilden einen schönen Kontrast zu dem frischen Grün des Hintergrundes.

Gänseblümchen-Punkte
Gänseblümchen wachsen meist in größeren Kolonien, und alle wenden ihre Blütenköpfe der Sonne zu. Manche Blüten überdecken einander, andere stehen isoliert vor dem unregelmäßig grün gemusterten Blattwerk. Durch Überlappen von kreisförmigen Positivschablonen erhält man einen ganz ähnlichen Effekt (siehe Seite 77).

Zellstrukturen
Diese Tupfen sind Viruszellen, zur besseren Sichtbarkeit eingefärbt. Sie liegen in dicht gefügten Reihen zusammen und bilden ein unregelmäßiges Wabenmuster. Mit Hochglanzfarbe – gedruckt oder aus der freien Hand aufgetragen – kann man ähnliche Muster schaffen (siehe Seite 77).

Heute wissen wir, dass die Grundformen unseres Universums Kreise, Punkte und Tupfen sind – von winzigen Atomen bis zu gewaltigen Sternen. Stets wiederkehrende Muster aus diesen Formen finden wir überall im Mikrokosmos der mikroskopischen Welt wie auch im Makrokosmos des Universums.

Auf dieser Basis haben sich Künstler und Designer neue, abstrakte Ideen erschlossen. Der französische Maler Georges Seurat war einer der ersten, der mit seinem Pointillismus Bilder in einzelne Punkte auflöste. Später schuf der spanische Künstler Joán Miró halbabstrakte Gemälde aus amöbenartigen Kreisformen, Tupfen, Sternen und Monden.

Vom Mikroskop zum Teleskop

Unter dem Mikroskop erkennt man die verschiedensten Molekularstrukturen, die uns als Inspiration dienen können. Manche sind scharf umrissen, andere haben eine wellige Kontur, wieder andere sind diffus oder doppelt gerändert. Auch die Bilder aus dem Weltraum, durch die wir die Farben und Strukturen von Supernovas, Nebeln und Asteroiden kennen gelernt haben, liefern viele Anregungen.

Tupfen sind überall. Bilder in Büchern, Zeitungen und Zeitschriften bestehen aus Tausenden von Punkten. Unter einem Baum malt das Sonnenlicht Tupfen, und wir finden sie ebenso auf dem Fell eines Leoparden wie in den Kieseln am Strand. Sie sind im Muster moderner Lochbleche, auf Textilien und in den Traumzeit-Bildern der australischen Aborigines zu entdecken. Ob regelmäßig oder unregelmäßig: Punkte liefern modernen Künstlern und Dekorateuren die Grundform für formale und zwanglose, minimalistische oder üppige Designs – mit jedem Material, von der Malerrolle bis zum Plastikbecher.

„Tupfen, Punkte und Kreise sind die stets wiederkehrenden Grundformen des Universums.“

Links Diese Tischplatte birst vor Farben wie ein Sommergarten voller Blumen. Zuerst wird die Platte mit willkürlich verteilten Flächen in intensiven Farben und in Schwarz bemalt. Dann werden runde Tupfen und Kreise in allen Größen und Farben aufgestempelt. Als Stempel eignen sich die Böden von Plastikbechern, Plastikfolie mit Noppen, ein stumpfer Rundpinsel, das Ende einer Schaumstoffrolle sowie Weinkorken. Kleine Punkte werden in größere gestempelt, sodass stilisierte Blüten entstehen. Andere Elemente wirken eher abstrakt.

Stempeln

Eine ganz einfache Art der Gestaltung von Mustern ist das Stempeln. Als „Werkzeug“ eignen sich allerlei Haushaltsutensilien, auf die die Farbe direkt aufgestrichen wird. Tragen Sie verschiedene Dinge mit runder Grundform zusammen, etwa Korken, Plastikbecher oder -schalen, ein Stück Luftblasenfolie oder das abgeschnittene Ende einer Schaumstoffrolle. So erhalten Sie Kreise und Tupfen in verschiedenen Größen und Strukturen.

Wenn die Farben von Grundierung und Stempelmotiven Ton in Ton gehalten werden, ist der Effekt eher ruhig. Sie können aber auch ein knalliges Muster aus kunterbunten Farben auf einen dunklen Untergrund stempeln. Damit die Farbe nicht kleckst, tragen Sie sie nur sparsam auf die Stempel auf.

Sammeln Sie verschiedene Gegenstände, mit denen sich Kreise und Tupfen stempeln lassen. Verdünnen Sie dickflüssige Farbe mit Wasser und machen Sie zuerst einige Probedrucke auf Papier: Die Farbe darf weder zu dick und klebrig noch zu dünnflüssig sein, damit gleichmäßige Drucke entstehen. Tragen Sie mit einem Pinsel oder einer Rolle etwas Farbe auf Ihren Stempel auf und drücken Sie ihn fest auf den Untergrund. Nach zwei oder drei Stempelabdrücken neue Farbe aufnehmen. Hier haben wir das abgeschnittene Ende einer Schaumstoffrolle verwendet, einen Bambusstab aus dem Garten, den Rand eines Plastikbechers, einen Weinkorken, einen Rundpinsel und ein abgerissenes Stück Wellpappe, das zu einer Rundung gebogen wurde.

Positivschablonen

Das Repertoire der modernen Maler und Dekorateure wächst zunehmend, und immer mehr Ideen werden aus anderen Disziplinen ausgeliehen. So basieren manche Techniken des Stoffdruckens auf der Siebdrucktechnik, bei der einzelne Bereiche abgedeckt und dadurch nicht eingefärbt werden. Diese Technik lässt sich leicht auf die Malerei übertragen, und sie erfordert nicht viel Material. Eine Positivschablone wird aus Pappe ausgeschnitten und als Abdeckung benutzt. Nach dem Farbauftrag erscheint das Motiv in der Farbe der Grundierung.

Kreise in unterschiedlichen Größen sind leicht zuzuschneiden und zu verschiedenen Mustern zu kombinieren. Wenn Sie eine große Fläche bearbeiten wollen, schneiden Sie viele Schablonen zu, weil sich die Pappe schnell vollsaugt und damit unbrauchbar wird.

1 Tragen Sie unterschiedliche runde Gegenstände zusammen, die Sie als Grundformen verwenden. Zeichnen Sie die Umrisse auf feste, aber dünne Pappe oder speziellen Schablonenkarton und schneiden Sie sie aus.

Gegenüber Ein einfacher Kerzenständer aus Holz kann mit Hilfe von Dichtungs- und Lochverstärkungsringen originell verziert werden. Blaue und orangefarbene Mattfarbe (siehe Seite 14) wird mit dicken Pinselstrichen in mehreren Schichten über den „Schablonen" aufgetragen. Nach dem Trocknen wird der Kerzenständer mit einem feuchten Tuch leicht abgewischt, um einen Teil der obersten Farbschicht abzunehmen und ihm eine strukturierte Oberfläche zu geben.

2 Halten Sie die Schablonen fest und malen Sie mit einem Pinsel strahlenförmig von innen nach außen um den Rand. Wenn Sie die Schablone abnehmen, erscheint ein „negatives" Muster: ein Kreis mit einem Rand aus Farbe. Wiederholen Sie den Vorgang mit großen und kleinen Schablonen, um ein Muster aufzubauen.

Gefleckter Stein

Gegenüber Der Fußboden in dieser Wohnung sieht aus wie Naturstein, und seine Farben harmonieren gut mit den Aluminium-Fensterrahmen. Über eine sehr dunkle blaue Grundierung wurde eine cremeweiße Lasur gestrichen und mit reinem Wasser besprenkelt. Zusätzlich wurden kleine Mengen verdünnter terrakottafarbener Farbe aufgespritzt, um der Fläche Leben und Tiefe zu geben.

Viele schöne Fußböden bestehen aus Naturmaterialien wie poliertem Stein oder Marmor, die edel schimmern. Produkte wie Linoleum und Laminate sind preiswerter und leichter zu verlegen, darum sind sie vor allem für Wohnblocks und Gewerbegebäude beliebt, wo robuste Böden erforderlich sind. Auch sie können eine gefleckte, unregelmäßige Oberfläche haben, die an Naturstein erinnert.

Mit einer Mischung aus Farbe mit Lasurmedium verdünnt (siehe Seite 121), Wasser und Roller kann man eine Naturstein-Optik reproduzieren. Allerdings eignet sich die Technik nur für waagerechte Flächen. Einen Fußboden sollte man in Abschnitten von etwa 2 m^2 bearbeiten. Damit das Design trittfest wird, muss es mit mehreren Schichten Klarlack versiegelt werden.

1 Rühren Sie eine halbtransparente, farbige Lasurmischung an (siehe Seite 121). Tragen Sie sie mit einem Pinsel auf eine überschaubare Fläche auf (oben). Fahren Sie mit einer Schaumstoffrolle über die Fläche, um Pinselstriche zu beseitigen (rechts).

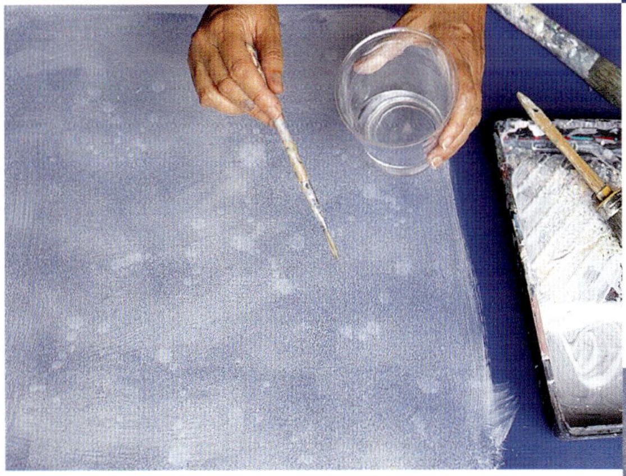

3 Fahren Sie mit der Schaumstoffrolle über die noch nasse Fläche, um die Wasserflecken aufzunehmen. Dabei wird die Grundierung an diesen Stellen sichtbar. Um Farbakzente zu setzen, verdünnen Sie eine kleine Menge Farbe mit Wasser und sprenkeln sie über die Fläche. Nicht noch einmal mit der Rolle bearbeiten.

2 Mit einem kleinen, harten Borstenpinsel spritzen oder sprenkeln Sie Wasser in die nasse Lasur. Zuerst wird man es kaum sehen, doch nach und nach treten die Sprenkel deutlicher hervor.

Strukturrollen

Ein Muster aus winzigen Punkten, wie man sie von impressionistischen Gemälden kennt, kann man mit einer speziellen Rolle mit erhabenen Noppen auftragen. Eigentlich sind diese Rollen zum Strukturieren von Verputz gedacht.

Die Optik erinnert an die Gemälde des französischen Malers Georges Seurat, der in den 1880er-Jahren den Pointillismus entwickelte, eine Technik, bei der die gesamte Leinwand mit winzigen Punkten in klaren und Komplementärfarben bedeckt ist. Aus etwas Abstand betrachtet fließen die Punkte zu einem brillanten Bild zusammen. Um eine ähnliche Tiefe und Leuchtkraft zu erzielen, kann man mehrere Schichten Farbe auftragen. Besonders schön sieht es aus, wenn helle Farben auf einen dunklen Untergrund gerollt werden.

Gegenüber Hier wurden Schichten in Blau, Rosa und Zitronengelb über einen leuchtend blattgrünen Untergrund gerollt. Jede Schicht gut trocknen lassen. Schaffen Sie Farbkonzentrationen, sodass beispielsweise Gruppen von gelben, blauen und rosafarbenen Tupfen entstehen. Wo die Farbschichten einander überlagern, sieht das Auge Mischtöne. Der lebendige Gesamteffekt bildet einen schönen Kontrast zu der angrenzenden schlichten Wand aus hellem Gipsputz.

1 Gießen Sie etwas Farbe in eine Farbwanne und tauchen Sie die Noppenrolle so weit ein, dass gerade die Spitzen mit Farbe bedeckt sind.

2 Rollern Sie zuerst zur Probe über ein großes Stück Papier, ehe Sie Ihre Wand in Angriff nehmen. Ziehen Sie die Rolle leicht über die Wand, um einen Tupfeneffekt zu erhalten. Die Rolle sollte möglichst oft, aber stets nur mit wenig Farbe angesetzt werden. So erhalten Sie ein Design aus Tausenden winziger Punkte.

3 Wenn die erste Farbschicht trocken ist, können Sie eine zweite, farblich abgestimmte Farbe auftragen. Tropfnasen müssen sofort abgewischt werden.

Noch mehr Ideen

Tupfen gelten als eine besonders ungekünstelte Form von Muster – man denke nur an fröhliche Pünktchenstoffe in Primärfarben. Verwendet man aber modische Farben und edle Oberflächen, können sie durchaus elegant und raffiniert aussehen.

Tupfen können scharfe oder verwischte Konturen haben. Sie können sachlich oder weich wirken, und man kann sie mit vielen anderen Mustern kombinieren, zum Beispiel mit geometrischen Streifen und Karos. Malen, drucken oder schablonieren Sie Tupfen auf einen strukturierten Untergrund – etwa eine Frottagefläche –, damit geben sie der Fläche zusätzlich Tiefe und Leben.

Unten Angeregt von den Hippie-Blumenstoffen der 1960er-Jahre wurde diese Wand mit einer Reihe von Positivschablonen dekoriert (siehe Seite 86). Das Ergebnis wirkt wie Blumen und Sonnen. Tragen Sie senfgelbe, olivgrüne und cremeweiße Farbe über verschieden großen Pappkreisen auf einem violetten Untergrund auf. Mit so einem unregelmäßigen Design haben Sie viel Freiraum zum Experimentieren. Legen Sie Schablonen isoliert auf und fügen Sie sie an anderen Stellen zu größeren Gruppen zusammen.

Links Mit einer halbierten Kartoffel habe ich diese Ovale in Schokoladenbraun und Blauviolett auf die Küchenwand gestempelt. Die sanft beigefarbene Grundierung gibt dem Blau Wärme, während das Braun etwas gedämpft wird. Mit dieser Technik erhalten Sie sehr abwechslungsreiche Dekore, weil jeder Stempelabdruck etwas anders ausfällt. Tragen Sie die Farbe nur sparsam auf, um schmierige oder erhabene Drucke zu vermeiden.

Rechts Ähnlich wie das Gefieder eines Perlhuhns wirkt das Muster auf diesem schwarzen Hocker, das einfach mit einem kleinen Haarpinsel aufgestupft wurde (siehe Seite 85). Die weichen Haare ergeben fast nie exakt runde Punkte, doch gerade die Formenvielfalt lässt dieses Punktemuster fröhlich und verspielt wirken.

Oben Diese lockeren, aufgelösten Tupfen entstanden mit einem großen Pinsel und sehr wenig Farbe. Stupfen Sie zwei verschiedene Farben willkürlich verteilt auf die Wand. Für den Hintergrund wurden ein heller Pergamentton und ein Schlammbraun leicht über eine graue Grundierung gerollt (vergleiche Seite 115).

Fantasiemuster

Moderne Muster sind meist schrill und asymmetrisch. Heute ziehen wir oft diese „schrägen“ Muster den traditionelleren vor, die den klassischen Regeln der Proportionen folgen. Im modernen Design zählt weniger die Regel als die Ausnahme. Es soll keine Ordnung entstehen, sondern ein unlogisches, zufälliges Arrangement. Paradoxerweise kann dieses vermeintliche Chaos eine eigene Art von Ausgewogenheit haben und eine kreative, dynamische Spannung erzeugen.

Verblüffende Bilder

Durch die Aufnahmetechnik in Fernsehen, Film und Werbung haben wir ungewöhnliche Perspektiven, Blickwinkel und Nahaufnahmen kennen gelernt. Unsere Augen haben sich an den Collageeffekt gewöhnt, der entsteht, wenn mehrere Bilder übereinander gelegt werden. Als würde man durch ein Mikroskop schauen, bekommen winzige, vermeintlich bedeutungslose Details plötzlich eine ganz eigene Faszination. Bilder sind nur halb zu sehen, ein einzelner Pinselstrich kann zum abstrakten Design werden. Die Kalligrafie wird als eigenständige Kunstform geschätzt.

Asymmetrische Muster

Moderne, asymmetrische Muster kann man auf verschiedene Weise schaffen. Man kann Farbe willkürlich tropfen und klecksen lassen, dazwischen zufällig wirkende Pinselstriche und -tupfer anbringen, ohne dass ein systematisches Muster erkennbar wird. Sie können auch lockere Schnörkel in nasse Farbe ziehen. Sie können Bilder verzerren, so wie man Gehwegplatten zerschlägt und zu neuen Mustern legt. Auch Zeitschriften-Ausrisse können zu verschiedenen Themen arrangiert werden.

„Im modernen Design suchen wir vor allem das Chaotische und Unerwartete.“

Im Uhrzeigersinn von links oben

„Number 6, 1948“
Dieses Gemälde des amerikanischen Künstlers Jackson Pollock (1912–1956) besteht aus Farben, die in unterschiedlicher Geschwindigkeit ausgegossen wurden. Träufeln Sie Farbe auf einen Fußboden, der in der Frottagetechnik (siehe Seite 112) grundiert wurde, und Sie erhalten ein ähnliches Resultat (siehe Seite 99).

Atelierfußboden
Im Lauf der Jahre ist auf dem Boden des Künstlerateliers aus Klecksen und Flecken verschiedenster Farben ganz von allein ein Muster entstanden. Das originelle Design wurde absichtlich auf dem restlichen Boden ergänzt. Dazu wurden verschiedene Farben in mehreren Schichten ausgegossen, verkleckst und getröpfelt.

American Graffiti
Stilisierte Buchstaben, verzerrte Wörter und persönliche Monogramme. Die Schriften überlagern einander, sodass nur einzelne Buchstaben zu erkennen sind. Der Rest verwandelt sich in ein abstraktes, unkonventionelles Arrangement. Mit dicken, überlappenden Pinselstrichen erhalten Sie ein ähnlich fließendes Muster (siehe Seite 96).

Gefangen in der Zeit
Farbige Lichtstrahlen werden von unsichtbarer Hand über den Nachthimmel gelenkt. Auf der Aufnahme mit langer Belichtungszeit bilden Sie ein Muster aus zufällig verlaufenden Linien gleicher Breite. Solche faszinierenden Muster erhalten Sie mit der Ritztechnik (siehe Seite 100).

Tröpfeln und Klecksen

Farbe, die von einem etwas oberhalb der Fläche gehaltenen Pinsel tropft, ist ein Element der modernen Farbgestaltung und eine Technik, die auf Jackson Pollock zurückgeht. Der amerikanische Künstler schuf in den 1940er- und 1950er-Jahren aus vielschichtigen Sprenkeln, Tropfen und Klecksen einen neuen Stil.

Das Tröpfeln sieht einfach aus, doch damit es kontrolliert ausgeführt werden kann, muss die Farbe die richtige Konsistenz haben. Ist sie zu feucht, bildet sie Pfützen, ist sie zu trocken, tropft sie nicht vom Pinsel ab.

Natürlich eignet sich diese Technik nur für waagerechte Flächen, sie ist also ideal für Möbel und Fußböden. Statt zu versuchen, ein vielfarbiges Kunstwerk im Stil Pollocks zu schaffen, sollten Sie sich anfangs auf eine oder zwei Farben beschränken – vielleicht helle oder leuchtende Farben auf dunklem Untergrund.

Gegenüber Dieser Fußboden sollte zu einem Blickfang werden, ohne unruhig zu wirken. Um die nötige Tiefe zu erhalten, habe ich zuerst eine Grundierung in dunklem Blau und Braun in Frottagetechnik (siehe Seite 112) aufgetragen. Dann habe ich weiße und schwarze Hochglanzfarbe (vergleiche Seite 26) gekleckst und gespritzt – wobei die Richtung der Spritzer genau durchdacht war.

1 Mischen Sie eine beliebige wasserlösliche Farbe mit etwas Wasser und prüfen Sie die Konsistenz, indem Sie den Pinsel an den Gefäßrand drücken. Die Farbe soll langsam, aber gleichmäßig abfließen.

2 Tauchen Sie einen Künstlerpinsel in die verdünnte Farbe und halten Sie ihn über die Oberfläche. Lassen Sie die Farbe vom Pinsel tropfen, während Sie in der Luft „malen“. Um dynamische Linien zu erzeugen, schleudern Sie die Farbe mit kurzen, ruckartigen Bewegungen in unregelmäßigen Abständen aus dem Pinsel.

Schab-, Kratz- und Abtragtechniken

Traditionelle Künstler haben stets Farbe auf einen Untergrund aufgetragen, moderne Maler und Designer hingegen haben auch mit dem Entfernen von Farbe experimentiert. Die nasse Farbe wird mit einem schmalen Werkzeug abgeschabt, wodurch der Untergrund sichtbar wird. Diese Technik gibt dem Künstler große Freiheit, weil Fehler kurzerhand übermalt werden können.

Besonders gut eignet sich ein lockeres Frei-Hand-Design aus Schnörkeln und Krakeln. Lassen Sie sich von den Kunstwerken in Schwarz, Azurblau, Scharlachrot und Gelb inspirieren, die der Spanier Joán Miró schuf. Oder holen Sie sich Anregungen bei den Schleifen und Bögen, die Erstklässler vor der eigentlichen Handschrift üben.

1 Tragen Sie zuerst die Grundierung auf, die durch Abschaben dann wieder sichtbar wird, und lassen Sie sie gut trocknen. Hier haben wir verschiedene Farben willkürlich verteilt, um interessante Effekte zu erzielen. Mischen Sie die zweite Farbschicht mit etwas Lasurmedium, um das Austrocknen zu verzögern – aber nehmen Sie nicht so viel, dass die Farbe transparent wird. Mit einem Pinsel auf die Grundierung streichen.

2 Nehmen Sie das Stielende eines feinen Pinsels für schmale Linien und einen Radiergummi für breitere Striche. Ziehen Sie Schlaufen, Kreise, Zacken oder einfache Linien in die nasse Farbe, sodass die Grundierung sichtbar wird.

Gegenüber Girlanden aus Schlaufen ziehen sich über eine ganze Wand dieses Esszimmers und legen die Grundierung in Weiß, Gelb und Rot frei. Auf die rot grundierte Wand habe ich Flecken in weißer und gelber Farbe, jeweils vermischt mit etwas Lasur, aufgetragen und dann mit einem Radiergummi Schleifen gezogen. Um das Dekor noch interessanter zu gestalten, habe ich anschließend stellenweise graue Farbe (ebenfalls mit etwas Lasur vermischt) auf die trockene Malerei gestrichen und in der gleichen Weise die Schleifen erneut „herausgeholt“.

Collage

Wenn Sie eine Collage aus abstrakten oder bildlichen Fotos aus hochwertigen Zeitschriften zusammenstellen wollen, sollten Sie die Bilder nicht wahllos verteilen, sondern sie unter einem Thema anordnen. Ich habe hier Bilder streifenförmig zusammengestellt. Ihre Sammlung kann die unterschiedlichsten Bildmotive enthalten, von der Architektenzeichnung bis zu alter Kunst. Sie kann menschliche Körper oder Elemente aus der Natur beinhalten, aber auch Formen aus Industrie und Mechanik. Ist Ihre Sammlung komplett, nehmen Sie sich reichlich Zeit, um mit den Möglichkeiten der Anordnung zu experimentieren.

Reißen

Das Reißen von Papier geht schneller und ist weniger mühsam als das Zuschneiden mit der Schere. Überlegen Sie, ob die weißen Risskanten sichtbar sein sollen. Nehmen Sie das Papier in beide Hände. Ziehen Sie einmal die rechte Hand zu sich hin, dann die linke. Nur in einem Fall wird die Risskante an dem gewünschten Bildteil zu sehen sein. Halten Sie die Finger nahe an der Risslinie, um eine möglichst gute Kontrolle zu haben.

Gegenüber Um in einer eher minimalistischen Küche einen Blickfang zu schaffen, wurde nur ein Teil der Wand mit Collagen dekoriert. Das Thema Gesichter, überwiegend in einer Farbskala von Braun bis Grau, wurde in drei Streifen unterschiedlicher Breite arrangiert. Dazwischen liegt als Kontrast ein Streifen mit Naturmotiven in Braun und Grün. Reißen Sie Bilder aus Zeitschriften aus und kleben Sie sie so auf den dunkelblauen Hintergrund, dass die Kanten einander leicht überlappen.

Arrangement

Die ausgewählten Bilder können zu Streifen, Quadraten oder unregelmäßigen Flächen angeordnet werden, aber auch eine ganze Wand bedecken. Wenn Sie sich für ein Arrangement entschieden haben, tragen Sie Klebstoff auf den Untergrund auf. Grundsätzlich eignet sich jeder Klebstoff, doch wenn die Collage später wieder entfernt werden soll, empfiehlt sich ein Produkt auf Stärkebasis. Legen Sie die Papierstücke auf den Kleber und drücken Sie sie mit einem feuchten Schwamm an. Wenn die Collage länger halten soll, kann sie klar überlackiert werden, um das Ausbleichen der Farben zu verhindern.

Noch mehr Ideen

Weil Fantasiemuster, vor allem Kleckse und Pinselstrich-Malereien, schnell allzu unruhig wirken können, finde ich es hilfreich, die Dekoration durch eine Anordnung als Raster oder Streifen zu strukturieren. Collagen, geometrische Motive oder Tupfen auf Sprenkel-Hintergrund können einem relativ formlosen Design mehr Charakter geben.

Fantasiemuster kann man nicht üben, oft entstehen sie sogar ganz zufällig durch Verwendung völlig unterschiedlicher Techniken. Man kann aber die Gesamtwirkung eines Fantasie-Dekors durchaus beeinflussen, wenn man die Farbtöne sorgfältig auswählt.

Oben Wenn Sie einen Kasten beträufeln wollen, arbeiten Sie in Etappen. Lassen Sie jede Seite gut trocknen, ehe Sie den Kasten daraufstellen, um die nächste zu bearbeiten. Hier habe ich Cremefarbe auf schokoladenbraunem Untergrund vertropft, um einen klaren, aber sanften Kontrast zu erhalten.

Rechts Diese Wand habe ich im Geist in ein Raster aufgeteilt und jedes Feld mit einem anderen Muster gefüllt. Ich habe verschiedene Pinselstrich-Motive verwendet (siehe Seite 96), Ritztechnik (siehe Seite 100) und als witziges Detail Handabdrücke. Dabei sind die Motivformen und Farben ausgewogen, wobei kein Feld über das andere dominiert.

Links Den prächtigen Schimmer dieser Mauer über einem Kaminsims habe ich mit einer Goldmetallic-Farbe (vergleiche Seite 33), die mit Lasurmedium verdünnt wurde, erreicht. Sie wurde über eine violette Grundierung aufgetragen, die mit einem kleinen Radiergummi durch Abschaben wieder freigelegt wurde. Mit einem feinen Kamm habe ich regelmäßige Streifen gezogen (siehe Seite 58), um das Muster aufzulockern. Schließlich habe ich Kreise aus Zeitschriften in Braun- und Grautönen ausgerissen und sie einzeln und in Grüppchen auf die Wand geklebt.

Gegenüber Die schwarze, spiegelverkehrte Schrift dieser Zeitungsseiten ist originell und unübersehbar, aber kein bisschen aufdringlich. Auf einer gelben, seidenmatten Grundierung (vergleiche Seite 21) habe ich ein helles Grau in Frottagetechnik aufgetragen (siehe Seite 112) und einige Blätter Zeitungspapier länger als gewöhnlich in der nassen Farbe gelassen, wodurch ein Teil der Druckerschwärze angelöst wurde und auf der Wand haften blieb.

Patina

Im Uhrzeigersinn von links oben
Rostiger Glamour
Der Chrom und der schwarze Lack dieses ehemals blitzenden Autos sind verrostet, verblasst und stumpf geworden. Solche Farben und Texturen können Anregungen liefern für Kombinationen von Metallicfarben und matten Farben, entweder gebürstet oder in Frottagetechnik (siehe Seite 111 und 112).

Rissige Erde
In langen Trockenperioden bleicht die Erde aus und reißt auf. Verwenden Sie Schlamm- und Erdfarben zusammen mit einem Reißlack, um Flächen mit ähnlich unregelmäßigen, zufälligen Mustereffekten zu gestalten (siehe Seite 116).

Zarte Texturen, starke Farben
Naturgestein wie Sandstein, Granit oder Schiefer hat meist verschiedene Farben, die ineinander überzugehen scheinen. Diesen zarten Zwei-Farben-Effekt kann man mit fast allen Patinierungstechniken reproduzieren. Probieren Sie die Frottagetechnik in Beigetönen oder experimentieren Sie mit intensiveren Farben (siehe Seite 112).

Felswand mit Flechten
Ein mit Flechten und Moosen bewachsener Fels hat ein unregelmäßiges Fleckenmuster. Hier mischen sich ein frisches und ein gedämpftes Grün mit verschiedenen hellen und dunklen Grau- und Brauntönen. Verarbeiten Sie ähnlich natürliche Farben in der Frottagetechnik, vielleicht auf einer gebürsteten Grundierung, um ähnliche Effekte zu erzielen.

Das weiche Aussehen einer Oberfläche – ihre Patina – entsteht durch langjährige Einwirkung von Wind, Wasser, Temperaturschwankungen, Abrieb und Schmutz. Bei natürlichen und künstlich hergestellten Materialien entstehen im Prozess der Alterung gleichermaßen schöne, dezente, undefinierbare Texturen und Muster. Die Patina auf der Borke eines Baumes, Flechten auf alten Dachziegeln oder der grüne Belag auf einer Bronzestatue sind Beispiele für die organische Wirkung. In der Natur finden wir eine unendliche Vielfalt an Patina-Varianten: verschiedene Kiesel und Findlinge, die vor Jahrmillionen entstanden sind, haben ganz unterschiedliche Texturen. Manche sind glatt und weich, andere scharfkantig und rau. Auch von Menschen geschaffene Materialien – rostendes Eisen, abblätternde Lackschichten, verwitterte Waschbeton-Gebäude – können eine wundervolle Patina ansetzen.

Texturen, besonders solche, die durch Patina entstehen, verleihen Farben Charakter und sind darum ebenso wichtig wie die Farben selbst. Objekte bekommen durch die Textur eine zusätzliche Dimension, als würde sich – wie unter dem Wasserspiegel eines Teiches – hinter ihnen noch etwas verbergen.

Textur und Minimalismus

Texturen sind besonders wichtig in minimalistisch eingerichteten Interieurs, in denen das Design sparsam bleibt. Oft findet man hier industriell gefertigte Materialien, die unpersönlich und kahl wirken können, wenn sie nicht durch eine Vielfalt von Texturen belebt werden. Auch ein Raum, der konsequent in einer Farbe gestaltet ist, gewinnt durch den geschickten Einsatz von Strukturen erheblich an Lebendigkeit.

Die sanfte Wirkung entsteht vor allem durch die Verwendung von Farben ähnlichen Tonwerts. Lasureffekte, Frottage- und Rolltechnik produzieren eher unregelmäßige Texturen, während die Bürstentechnik ein regelmäßigeres, geordneteres Bild ergibt.

„Texturen geben Farben Charakter und Objekten eine zusätzliche Dimension.“

Lasurtechnik

Moderne Künstler haben uns durch ihren kraftvollen und variantenreichen Einsatz von Farbe zahlreiche Möglichkeiten gezeigt, die Textur in den Vordergrund zu stellen. Mal wirkt die Farbe dick und pastös, ein andermal dünn und beinahe transparent. Das Geheimnis der reizvollen Texturen der Lasurtechnik ist der schwungvolle Auftrag der Farbe.

Es gibt zwei Grundarten der Lasurtechnik. Sie können ein gefärbtes Lasurmedium (siehe Seite 121) auf eine Fläche auftragen und dann in großzügigen Bewegungen mit einem Lappen wieder abwischen, sodass stellenweise der Untergrund durchschimmert. Sie können die Lasurfarbe aber auch mit einem großen Pinsel kreuz und quer aufstreichen. In beiden Fällen entsteht ein unregelmäßiges Bild, das dynamisch und aktiv, ruhig oder geheimnisvoll wirken kann – je nachdem, welche Farben Sie verwenden und wie transparent die Lasurmischung ist.

1 Mischen Sie das Lasurmedium mit einer deckenden Farbe, bis die gewünschte Farbstärke erreicht ist (siehe Seite 121). Je mehr Lasur enthalten ist, umso langsamer trocknet die Mischung und umso transparenter wird die Farbe ausfallen. Tragen Sie die Farblasur mit einem dicken Pinsel ungleichmäßig auf. Auf großen Flächen arbeiten Sie am besten in Etappen von etwa 1 m^2.

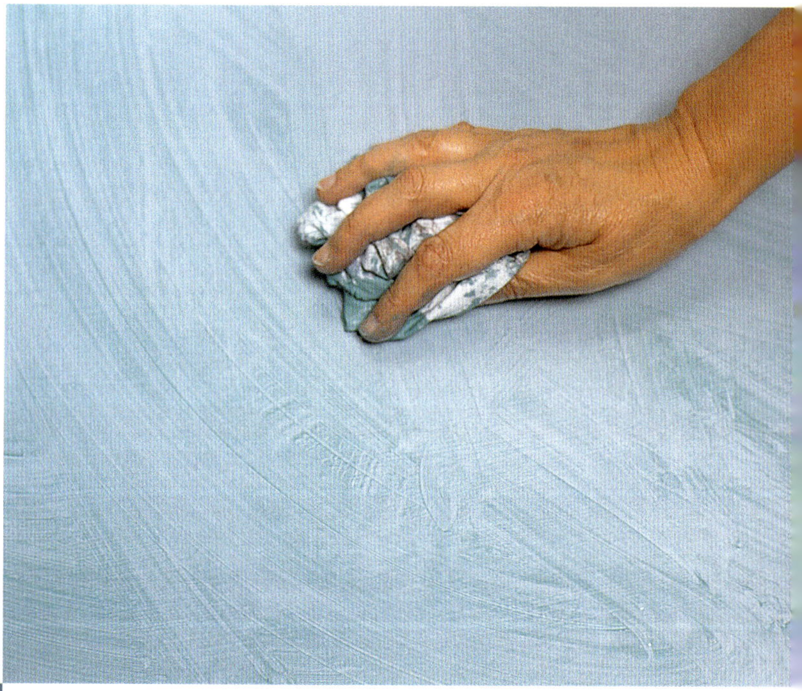

2 Lassen Sie die Lasur leicht anziehen. Ehe sie ganz angetrocknet ist, wischen Sie sie mit einem weichen Lappen in verschiedenen Richtungen, langen und kurzen Strichen und unterschiedlich starkem Druck teilweise wieder ab. Auch kreisförmige Bewegungen sind dekorativ. Lassen Sie den Randbereich unbearbeitet. Wenn Sie die nächste Teilfläche anschließen, verwischen Sie die Ansatzkante für einen unsichtbaren Übergang. Sobald die erste Lasurschicht völlig durchgetrocknet ist, können Sie eine zweite Schicht in einem gut abgestimmten Farbton auftragen.

Gegenüber Tropische, warme und üppige Farben lassen diesen Wintergarten exotisch aussehen. Ich habe nacheinander kräftig pink- und türkisfarbene Lasurfarbe auf einen alten, lasierten, terrakottafarbenen Untergrund aufgetragen.

Bürstentechnik

Mit der Bürstentechnik lassen sich hart und intensiv wirkende moderne Farben weicher und angenehmer gestalten. Aber auch minimalistische Interieurs in Naturfarben sehen weniger nüchtern aus, wenn zwei ähnliche Farbtöne in dieser Technik verarbeitet werden.

Eine spezielle Stupfbürste oder eine andere Bürste mit gleichmäßig langen, festen Borsten wird fest in die noch feuchte Lasur gestupft. Dabei wird die Farbe der Grundierung in winzigen Pünktchen freigelegt, die man nur bei genauem Hinsehen erkennen kann.

Lassen Sie sich von den Farben von Rost, Gestein und Sand anregen und Sie werden sehen, dass man mit dieser Technik die zarten Tupfenstrukturen von Sandstein oder rostigem Eisen leicht reproduzieren kann.

Gegenüber In dieser Küche sind Design und Einrichtung betont schlicht gehalten. Die Spritzwand greift die Farbe des Edelstahls von Spüle und Armatur auf. Mischen Sie Silbermetallic-Farbe mit Lasurmedium und arbeiten Sie mit einem gewöhnlichen Handfeger ein Tupfenmuster hinein. So wird die Fläche dezent belebt, ohne dass das Muster zu dominant wird.

1 Streichen Sie die Lasurfarbe (siehe Seite 121) auf einer Fläche von maximal 1 m^2 in alle Richtungen gleichmäßig aus.

2 Benutzen Sie eine spezielle Stupfbürste (ganz oben) oder – wenn Sie ein unregelmäßigeres Muster wünschen – einen alten Handfeger (oben). Tupfen Sie damit fest in die nasse Lasur. Dabei verteilen Sie die Lasurfarbe über eine größere Fläche und legen gleichzeitig die Farbe des Untergrundes frei. Lassen Sie den Randbereich unbearbeitet. Wenn Sie die nächste Teilfläche anschließen, achten Sie auf einen unsichtbaren Übergang. Nachdem die erste Lasurschicht völlig durchgetrocknet ist, können Sie eine zweite Schicht in einem gut abgestimmten Farbton auftragen.

Frottagetechnik

Der Begriff „Frottage“ geht auf den surrealistischen Maler Max Ernst zurück, der Papier über strukturierte Flächen legte und mit Kreide darüber fuhr, um willkürliche und zufällige Muster zu erzeugen. Hier lernen Sie eine Abwandlung dieser Technik kennen, bei der das Papier selbst die Strukturen schafft.

Auf einer gut durchgetrockneten Grundierung wird eine Mischung aus Farbe und Lasurmedium (siehe Seite 121) aufgetragen. Dann wird Zeitungspapier angedrückt und rasch wieder abgezogen, sodass der Untergrund teilweise wieder freigelegt wird. Wird die Zeitung aufgefaltet angelegt, entsteht eine feine Linie durch den Mittelbruch. Wird sie zuerst zerknüllt, entsteht ein Marmoreffekt. Wenn Sie einen ganzen Raum in dieser Technik bearbeiten wollen, müssen Sie gut vorbereitet sein: Sie brauchen Unmengen Zeitungspapier und viele Müllsäcke, sonst stehen Sie bald knöcheltief im Papier.

Am schönsten sieht es aus, wenn Sie für die oberste Schicht eine matte Farbe verwenden (siehe Seite 12–15). Hat die Farbe allerdings einen hohen Vinylanteil, löst sie die Druckerschwärze schnell an.

Gegenüber In diesem Treppenhaus wurden zwei Erdtöne – ein Grau und ein fahles Braun – kombiniert, um den Effekt von verwittertem Beton hervorzurufen. Die natürlichen Farben ähneln einander im Tonwert und wirken wunderbar sanft. Tipp: Verwenden Sie harmonische Farben mit geringem Tonwertunterschied oder wenden Sie Mischtechnik an (das heißt, Sie kombinieren mit Lasur- oder Schwammstupftechnik).

1 Tragen Sie getönte Lasurfarbe auf eine Fläche auf, die etwas größer als ein Bogen Zeitungspapier ist. Streichen Sie die Lasur relativ dünn aus. Nur an den Rändern sollte sie etwas dicker bleiben, damit sie nicht antrocknet, ehe sie bearbeitet wird.

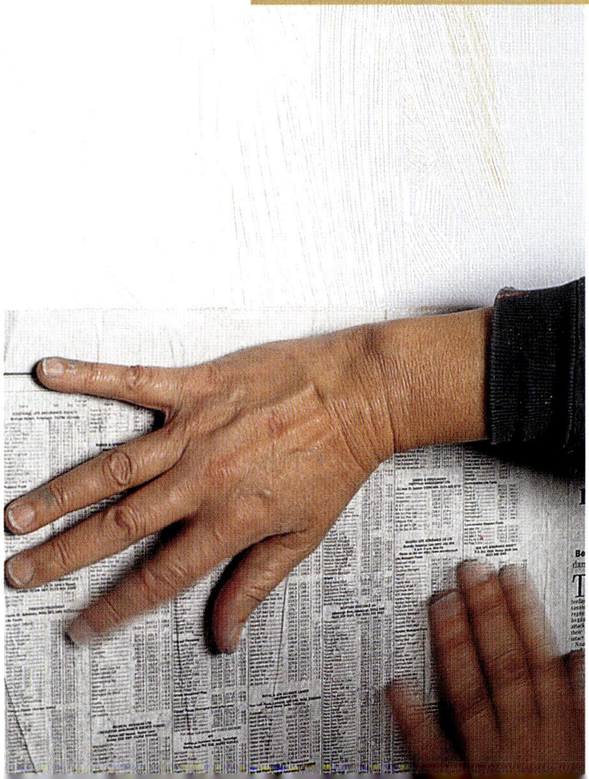

2 Legen Sie einen ausgebreiteten Bogen Zeitungspapier in die nasse Farbe und streichen Sie ihn behutsam mit den Händen glatt, damit er überall anliegt. Dann das Papier sofort wieder abziehen. Beim Streichen der nächsten Teilfläche auch den Randbereich der ersten mit überstreichen. Einen neuen Bogen Zeitung andrücken.

Links Verschiedene Blau- und Grüntöne wurden mit einer langflorigen Rolle auf dieser Wand übereinander aufgetragen. Die samtige Wirkung, die an ein moosiges Bachufer erinnert, entsteht durch die Überlagerung der Farbtöne. Ich habe in eine Farbwanne Kleckse von blauer und grüner Farbe gegeben und diese dann ganz leicht auf die Wand gerollert. Nachdem der erste Anstrich trocken war, habe ich Kleckse in anderen Blau- und Grüntönen in die Wanne gegeben und die Farben ebenso aufgetragen.

Rolltechnik

Im Vergleich zu Pinseln sind Rollen ein relativ neues Werkzeug zum Verarbeiten von Farbe. Darum sind auch erst in der jüngeren Vergangenheit dekorative Rolltechniken entwickelt worden.

Schaumstoff- und Langflorrollen eignen sich, um durch ganz leichtes Überrollern einen sanft gescheckten Effekt zu produzieren, der sich je nach Andruck der Rolle und Anzahl der Farbschichten variieren lässt. Mit Langflorrollen entstehen größere Farbflecken. Schaumstoffrollen ergeben ein feineres Muster, allerdings hinterlässt der Rand manchmal Linien.

1 Geben Sie Farbe in eine Farbwanne. Nehmen Sie durch Absenken und Anheben der Rolle unregelmäßig viel Farbe auf. Der Trick liegt darin, dass die Rolle nicht mit Farbe gesättigt sein darf. Fahren Sie dann mit der Rolle leicht über die Wand. Dabei nicht zu fest aufdrücken, damit nur eine hauchdünne Farbschicht aufgetragen wird, durch die der Untergrund schimmert.

2 Bewegen Sie ganz nach Wunsch die Rolle in alle Richtungen, nur waagerecht oder nur senkrecht: es entstehen jeweils andere Effekte. Wenn Sie eine zweite Farbschicht auftragen wollen, muss die erste völlig ausgetrocknet sein.

Craquelé

Ein Muster feiner Haarrisse lockert Oberflächen auf, die besonders in schlichten Naturtönen wie Grau, Creme oder Weiß schnell langweilig aussehen. Craquelé ist eine sparsame und zurückhaltende, aber sehr komplexe Dekoration. Betrachten Sie die rissige Erde in einem ausgetrockneten Flussbett, die bescheidene Schönheit der Linien im trockenen Schlamm, oder stellen Sie sich das Netz feiner Haarrisse auf japanischer Raku-Keramik vor. Ganz ähnliche Effekte lassen sich auch mit Reißlack erzielen.

Reißlack ist ein Spezialprodukt, das auf eine Grundierung gestrichen wird. Wenn beide Schichten trocknen, reagieren sie miteinander – es entstehen feine Risse in der Oberfläche. Diese Risse können Sie durch eine Farbe Ihrer Wahl noch zusätzlich betonen.

Im Handel werden verschiedene Reißlack-Typen angeboten, viele sind Zwei-Komponenten-Produkte. Wir haben mit wasserverdünnbarem Reißlack gearbeitet. Zwar gibt es Spezialmittel für unterschiedliche Rissbreiten, doch sorgt auch ein reichlicher Auftrag des Reißlacks für breitere Risse als eine dünne Schicht.

1 Grundieren Sie Ihre Fläche zuerst mit einer matten Farbe (siehe Seite 14). Streichen Sie mit einem weichen Lackpinsel die erste Reißlack-Komponente in gleichmäßiger, nicht zu dünner Schicht auf. Um ganz sicher zu gehen, dass keine Stelle frei geblieben ist, sollten Sie eine zweite Schicht auftragen.

2 Für den Auftrag der zweiten Komponente beachten Sie die Herstellerangaben. Bei manchen Produkten muss die erste Komponente ganz austrocknen, bei anderen muss sie noch feucht sein. Tragen Sie die zweite Komponente großzügig, aber nicht zu dick auf. Wenn das Malmittel trocknet, bilden sich Risse. Den Vorgang können Sie mit einem Haartrockner (Kaltstufe) oder einem Heizlüfter beschleunigen.

3 Wenn der Reißlack durchgetrocknet ist und sich die Risse ausgebildet haben, reiben Sie mit dem Finger oder einem Küchen-Papiertuch Künstlerölfarbe hinein (keine Farben auf Wasserbasis verwenden). Feuchten Sie das Papiertuch eventuell mit etwas Terpentinöl an, damit sich die Farbe besser verteilen lässt. Anschließend wischen Sie mit einem feuchten Schwamm alle überschüssige Farbe von der Fläche ab, wobei nur die Risse eingefärbt bleiben. Zum Schluss mit einem ölhaltigen Klarlack (siehe Seite 122) versiegeln.

Gegenüber Dieser ovale Tisch mit Craquelé-Effekt auf graubeigem Untergrund sieht aus wie ein Dinosaurier-Ei. Manche Risse sind breiter, andere sehr fein und dicht geballt, sodass die ganze Fläche unregelmäßig und abwechslungsreich erscheint. Der cremige Braunton entsteht durch Einreiben von Künstlerölfarbe in Umbra (roh).

Noch mehr Ideen

Patinierungstechniken lassen sich sehr gut mit Mustern kombinieren. Kreise, Halbmonde oder Schablonenmuster kommen auf einem lebhaften Untergrund besonders gut zur Geltung. Streifen und Rechtecke, die mit Patinierungstechniken gestaltet sind, wirken ganz anders als schlichte, monochrome Dekors. Auch die Kombination von patinierten und einfarbigen Flächen ist sehr reizvoll.

Nützen Sie die bisher behandelten Farben – Perlglanz- und Metallicfarben – für dramatische oder dezente Ergebnisse.

Links Zuerst wird die Wand mit einer leuchtend gelben seidenglänzenden Farbe (siehe Seite 21) grundiert, dann wird ein warmes, dunkles Orange lasierend (siehe Seite 108) aufgetragen. Kleben Sie große, aus Papier ausgeschnittene Blattformen auf die Wand und streichen Sie darüber eine weitere, dunklere Lasur. Die Blattformen wirken als Schablonen (siehe Seite 86). Werden sie abgenommen, tritt die erste Lasurschicht zu Tage.

Oben links Die schlichte, einschichtige Frottage an dieser Küchenwand passt gut zu den Edelstahl-Accessoires. Auf einer graugrünen Wand habe ich eine blaue Frottage (vergleiche Seite 112) aufgetragen. Die Farben sind sich im Tonwert ähnlich, damit die sachliche Arbeitsatmosphäre nicht verloren geht.

Links Eine kleine Buddha-Statue sitzt ruhig vor einem bewegten Meer in Türkisblau. Tragen Sie eine Mischung aus türkisfarbener Hochglanzfarbe (vergleiche Seite 26) und neutralem Lasurmedium über einer seidenglänzenden, bräunlich-violetten Farbe auf. So erhalten Sie eine üppige, schimmernde Fläche, die das Gold der Statue betont. Wischen Sie mit einem Tuch Kreise und Bögen in die Lasur, die an Himmel, Wolken und Wind erinnern.

Oben Als Inspiration für die Dekoration dieser Tischplatte dienten die Blau- und Violetttöne von Granit und Schiefer. Grundieren Sie die Fläche mit einer dunkel-violetten seidenglänzenden Farbe. Zuerst wird in Frottagetechnik eine mittelblaue Lasur aufgetragen. Nach dem Trocknen folgt eine zweite Frottageschicht in Hellblau.

Inox
REINAERT KLOP-/SLEEPKWAST

Glossar

Abklebeband: Siehe Malerkrepp.
Abtönkonzentrat: Hoch konzentrierte Farbe zum Abtönen von Lasuren oder zum Intensivieren des Farbtons anderer Farben.
Acryllack: Siehe Lack
Anlegemilch: Spezialkleber zum Befestigen von Blattmetallen und Bronzepulvern. Bleibt sehr lange klebrig und gibt dem Gestalter viel Zeit zum Arbeiten.
Blattaluminium: Blattmetall, Silberimitation
Blattgold: Blattmetall aus hauchdünn gewalztem echten Gold. Messing sieht sehr ähnlich aus, ist aber wesentlich preiswerter und einfach zu verarbeiten.
Blattkupfer: Blattmetall aus Kupfer.
Blattmessing: Blattmetall, Goldimitation
Blattmetall: Hauchdünn gewalztes oder gehämmertes Metall. Wird mit Anlegemilch auf dem Untergrund befestigt. Es gibt echtes Blattgold und -silber, doch auch die preiswerten Alternativen Aluminium und Messing sind sehr dekorativ. Blattkupfer ist ebenfalls im Handel erhältlich.
Blattsilber: Feine Blättchen aus echtem Silber. Für Dekorationszwecke eignet sich das preiswertere Aluminium ebenso gut.
Bronzepulver: Metallpulver, in verschiedenen Farbtönen erhältlich. Wird mit Anlegemilch verarbeitet, Ersatz für Blattmetall.
Cutter: Sehr scharfes Messer mit austauschbaren Klingen. Zum Schneiden von Pappschablonen.
Dispersionsfarbe: Wasserlösliche Wandfarbe, meist mit mattem oder seidenmattem Finish
Eierschalenglanz: Spezieller Lacktyp mit mittlerem Glanzgrad (zwischen matt und seidenglänzend). Wasserlösliche Sorten sind leicht zu verarbeiten, man kann sie mit anderen wasserlöslichen Farben, Lasuren und Lacken mischen.
Farbige Lasur: Siehe Lasurmedium
Glitzerfarbe: Winzige Glitterpartikel in transparenter Trägerflüssigkeit. Die Farbe der Glitterpartikel wird von der Farbe der Grundierung und den Lichtverhältnissen beeinflusst.
Grundierung: Erster Farbanstrich vor einer speziellen Farbe oder als Untergrund für eine Dekorationstechnik. Als Grundierung für Lasuren eignen sich seidenglänzende Farben am besten.
Haftspray: Spezieller Klebstoff, der das spurlose Abnehmen aufgeklebter Papier- oder Pappteile ermöglicht.
Hochglanzfarbe: Farbe, die nach dem Trocknen eine glänzende Oberfläche bildet. Neu auf dem Markt sind halbtransparente Hochglanzlasuren.
Kamm: Auch Zahnspachtel. Wird durch farbige Lasur gezogen, um Streifen zu erzeugen. Kann aus Pappe zugeschnitten werden. Zahnspachtel aus Kunststoff und Hartgummi im Fachhandel.
Künstlerölfarbe: Pastöse Farbe auf Ölbasis, hauptsächlich von Künstlern verwendet. Reiben Sie dunkle Ölfarbe in die Haarrisse von Reißlackarbeiten ein.
Künstlerpinsel: Spezielle Pinsel in verschiedenen Größen und Formen für die Frei-Hand-Malerei
Lack: Transparentes Anstrichmittel. Wird über Dekorationen aufgetragen, um sie langfristig vor Kratzern, Abnutzung und Ausbleichen zu schützen. Es gibt matte, seidenglänzende und hochglänzende Lacke. Lacke auf Wasserbasis (Acryllacke) sind geruchlos und farblos und schnell trocknend. Polyurethanlacke (auf Kunstharzbasis) sind sehr stabil und können zum Vergilben neigen. Lacke kann man mit Pigmenten abtönen. Zum Auftragen einen Lackpinsel verwenden.
Lackpinsel: Flachpinsel mit relativ langen Borsten.
Langflorrolle: Farbrolle aus einem flauschigen, wolligen Material, z.B. Schaffell. Eignet sich für gefleckte Oberflächen. Es gibt große Rollen für Wände und kleinere Rollen für Streifen und Schablonierarbeiten.
Lasurmedium: Transparentes, langsam trocknendes Malmittel, das mit Farbe oder Pigmenten abgetönt werden kann. Eine Lasur wird auf eine Grundierung aufgetragen und bearbeitet, solange sie noch feucht ist. Geeignete Werkzeuge sind Pinsel, Kamm, Pappe oder Zeitungspapier. So entstehen Muster und Strukturen, die die Grundierung durchschimmern lassen. Im Handel sind Fertiglasuren auf Öl- und auf Wasserbasis zu finden. Wir haben ausschließlich mit Produkten auf Wasserbasis gearbeitet: sie sind einfach zu verarbeiten, nahezu geruchlos, und die Werkzeuge lassen sich mit Wasser auswaschen. Wasserlösliche Lasuren sehen im Topf weißlich aus, sind nach dem Trocknen aber halbtrans-

parent. Zum Abtönen werden sie mit wasserlöslicher Farbe gemischt. Die Lasur in eine Farbwanne gießen, die Farbe zugeben und mit einem Löffel oder Pinsel unterrühren. Je höher der Farbanteil, umso dunkler wird der Ton und umso schneller trocknet die Lasur. Es sind auch fertig abgetönte Lasuren erhältlich. – Sollten Sie keine geeignete Lasur finden, können Sie statt dessen farbloses Acrylbindemittel verwenden. Eine ölhaltige Lasur mischen Sie aus gleichen Teilen Leinölfirnis und Terpentin mit einem Zusatz von 5% Sikkativ.
Lot: Beschwerte Schnur als Hilfsmittel zum Malen exakt senkrechter Linien. Wird an der Wand befestigt.
Malerkrepp: Selbstklebendes Klebeband, spurlos abziehbar. Wird zum Abdecken von Bereichen verwendet, die nicht gestrichen werden sollen. Besonders gut zum Malen von geraden Linien. Wählen Sie eine Sorte mit geringer Klebkraft.
Mattfarben: Wasserlösliche Farben mit mattem Finish
Metallicfarbe: Wasserlösliche Farbe mit starkem Glanz und metallischem Finish, erhältlich z.B. in Gold, Silber und Kupfer.
Patina: Oberflächlicher Belag oder Textur, entsteht normalerweise durch Alterung.
Perlglanzfarbe: Reflektierende, glänzende Farbe, deren Wirkung sich je nach Lichtverhältnissen verändert. Der Perlglanz erinnert an das Innere einer Muschelschale. Die Farben sehen im Topf weißlich aus. Ihre endgültige Wirkung hängt von der Farbintensität der Grundierung ab.
Pigment: Substanz zum Abtönen von Farben. Pigmentpulver sind im Fachhandel für Künstlerbedarf erhältlich. Sie eignen sich auch zum Abtönen von Verputz.
Polierter Verputz: Farbiger, stark polierter Verputz aus Marmorstaub, Kalk, Zement und Pigmenten. Den Verputz mit einer Kelle oder einem Reibebrett auftragen und mit der Kante des Werkzeuges polieren, bis er schimmert.
Polyurethanlack: Siehe Lack.
Positivschablone: Geschlossene Form, die aus Pappe oder Papier zugeschnitten wird. Die Schablone auf eine grundierte Fläche legen und überstreichen. Wird die Schablone entfernt, erscheint das Motiv in der Farbe der Grundierung.
Reißlack: Spezialprodukt, das feine Haarrisse in der Grundierung erzeugt.
Rundpinsel: Runder oder ovaler Pinsel, der reichlich Farbe oder Lasur aufnimmt.
Schablone: Form oder Motiv, das aus Pappe ausgeschnitten wird. Die Farbe mit einem Pinsel oder einer Rolle in den ausgeschnittenen Bereichen auftragen.
Schablonenkarton: Dünne, feste Pappe speziell zum Herstellen von Schablonen. Gewöhnliche dünne Pappe eignet sich ebenso.
Schaumstoffrolle: Farbrolle aus Schaumstoff. Gut für glatte, ebenmäßige Anstriche. Große Rollen eignen sich für Wände, schmalere zum Malen von Streifen und für Schablonierarbeiten.
Schleifpapier: Wird in verschiedenen Körnungen angeboten. Zum Glätten von Oberflächen und zum Abschleifen von Farbe.
Seidenglanzfarbe: Wasserlösliche Farbe, deren Glanzgrad zwischen matt und glänzend liegt. Wird in unterschiedlichen Glanzgraden angeboten (z.B. Seidenmatt, Seidenglänzend, Hochglänzend).
Seidenlatex: Spezielle Sorte wasserlöslicher, seidenmatter Farbe
Stahlwolle: Schleifmaterial, wird in verschiedenen Feinheitsgraden angeboten. Zum Abschleifen von Farbe.
Stärkekleber: dickflüssiger Kleber zum Befestigen von Papier auf einer Oberfläche. Soll das Papier später abgelöst werden, muss es nur angefeuchtet werden.
Stempel: Geformter Gegenstand, der mit Farbe bedeckt und auf eine Oberfläche gedrückt wird, um einen Motivabdruck zu produzieren. Viele Haushaltsgegenstände eignen sich, z.B. Kartoffeln, Plastikbecher, Schwämme.
Strukturrolle: Rolle mit Gumminoppen, eigentlich zum Strukturieren von Verputz gedacht. Eignet sich auch zum Malen und produziert zahllose, winzige Pünktchen.
Stupfbürste: Rechteckige Bürste mit festen, stumpfen Borsten. In farbige Lasur stupfen, um Millionen winziger Pünktchen zu erhalten.
Tonwert: Begriff zum Beschreiben des Helligkeitsgrades einer Farbe. Verschiedene Farben können den gleichen Tonwert besitzen.
Wasserwaage: Werkzeug mit einer Glasröhre, die teilweise mit Alkohol gefüllt ist. Eine Luftblase zeigt die Waagerechte an. Dient zum Markieren gerader, waagerechter Linien auf einer Wand.
Zugpinsel: Pinsel mit langen, festen Borsten. Wird durch farbige Lasur gezogen, um feine Streifen zu erzeugen.

Faber-Castell
300
290
280
270
260
250
240
230
220
210
200
190

Register

Bezugsquellen

Annie-Sloan-Farben und andere Produkte können
direkt bei der Herstellerin über ihren online-shop
www.anniesloan.com
telefonisch unter 0044 – 870 – 601 0082
per e-Mail paint@anniesloan.com bestellt werden.

Die Postadresse lautet:
annie SLOAN practical style
117 London Road
GB-Oxford OX3 9HZ
oder:
P.O.Box 45
GB-Oxford OX4 1YU

Die Farbbezeichnungen in Englisch sind wie folgt:
Matt paint – matte Farbe
Mid-sheen paint – Seidenglanzfarbe
Glossy glaze paint – Hochglanzfarb
Metallic paint – Metallicfarbe
Pearlized paint – Perlglanzfarbe
Sparkle paint – Glitzerfarbe
Glaze – Glasur-Medium

In Deutschland sind Annie-Sloan-Farben erhältlich
bei:

LE MANI
Rossella Zeiss
Grolmanstr. 20
10623 Berlin
Fax 030 – 315 07 763
Tel. 030 – 315 07 682

BOESNER
Großhandel für Künstlerbedarf in Berlin,
Forstinning, Frankfurt, Köln, Stuttgart, Witten
Zentrale: Tel. 0 23 02 – 97 80 – 18
Nunsdorfer Ring 2-10
12277 Berlin-Marienfeld
Tel. 030 – 72 00 83-3
Fax 030 – 72 00 83-55

OTTO EBELING
E-mail: otto-ebeling@t-online.de

Danksagung & Bildnachweis

Dieses Buch ist, wie alle Bücher, das Ergebnis der Zusammenarbeit vieler Personen. Ich möchte Kate Kirby, Claire Waite, Jonathan Raimes und Tino Tedaldi danken, die mir mit ihren unterschiedlichen Fähigkeiten bei der Produktion dieses Buches geholfen haben.
Besonderer Dank geht an Philip Bailey für seine fachliche Hilfe und geduldige Unterweisung über polierten Verputz, Seiten 48-53.
Auch Jason Arbuckle, David und Hester Lott, Claire Waite und Andrew Brown, Sarah und Tino Tedaldi sowie Daniela und Jonathan Raimes danke ich, die mir erlaubten, Fotos in ihren Wohnungen zu machen.

Dank an die folgenden Firmen für die Bereitstellung von Gegenständen für die Fotos:

Seite 49 unten links
Sophie Cook
Waterside Studios, 99 Rotherhithe Street,
London SE16 4NF
Tel: 0171 394 3241

Seite 53 unten rechts
Max Lamb and Fiona Wilkes Glass Design
Waterside Studios, 99 Rotherhithe Street,
London SE16 4NF
Tel: 0171 237 5630

Seite 52
Stuart Möller
Waterside Studios
Tel: 0171 485 0339

Seite 41
Carol Wainwright
vertreten durch Oxford Gallery, Oxford

Seite 39
Steve Newell (weißer Glaskrug)
Majolica Works (blauer Krug)
Catherine Hargh (Glasvase)
Alle vertreten durch Oxford Gallery, Oxford

Die Fotos in diesem Buch erscheinen mit freundlicher Genehmigung der folgenden Quellen:
Christie's Images: 49 oben rechts (© Kate Rothko Prizel und Christopher Rothko /DACS, 2000), 95 oben links (© Ars N.Y. und DACS, London, 2000)

Jérome Darblay & Charles Rutherford: 53 oben links, 129 unten links

Edifice Picture Library: 13 oben links, 18 oben rechts und unten rechts, 25 oben links, unten links und rechts, 37 oben rechts und unten rechts, 49 oben links, 69 unten rechts, 106 oben rechts und unten links.

Garden Picture Library: 57 oben links

Carol Kane: 9 ganz unten, 13 oben rechts und unten rechts, 30 oben links, unten links und rechts, 37 unten links, 42 oben links und rechts, unten links, 49 unten rechts, 56 unten links, 69 oben links und rechts, 82 unten rechts, 95 unten rechts

Kim Sayer: 82 oben links, 106 oben links

Science Photo Library: 8 oben links, 9 unten rechts, 56 oben links und rechts, 95 unten links

Geoff Dann: 51 unten links, 52-53